TONY CAMPOLO
LA FANTASÍA DEL ÉXITO

DEDICADOS A LA EXCELENCIA

La misión de Editorial Vida es proporcionar los recursos necesarios para alcanzar a las personas para Jesucristo y ayudarlas a crecer en su fe.

ISBN 0-8297-0477-9
Categoría: Cuestiones éticas

Este libro fue publicado en inglés con el título
The Success Fantasy
por SP Publications

© 1993, 1980 por SP Publications

Traducido por Andrés Carrodeguas

Edición en idioma español
© 1996 EDITORIAL VIDA
Deerfield, Florida 33442-8134

Reservados todos los derechos

ÍNDICE

Introducción 5

1. ¿Qué es el éxito? 7

2. Los triunfadores pueden ser discípulos 17

3. Éxitos y sufrimientos de la gente menuda 23

4. Problemas de escuela 35

5. Crecer en nuestra sociedad 49

6. Éxito adolescente con el sexo opuesto 55

7. Síntomas del hombre en su mediana edad 69

8. Esperanza para el hombre de cuarenta y tres años 81

9. Presiones sobre la mujer de mediana edad 91

10. La mujer, el trabajo y el feminismo 101

11. Los solteros y el éxito 111

12. Los desechados de la sociedad 127

13. Una teología del éxito 135

Guía de estudio personal y en grupo 145

Dedicado a mi madre, María Campolo, quien siempre dijo: "¡Haz lo mejor para Cristo!"

INTRODUCCIÓN

Uno de los serios problemas de nuestros días es que hay demasiadas personas que comparan sus éxitos con unas normas falsas. Incluso cuando logran sus metas, se sienten vacías y en bancarrota emocional, porque no han medido su labor por las medidas del éxito que ha puesto Dios.

Tony Campolo es un profeta con ideas prácticas que se pueden poner a trabajar en la vida cotidiana. Este libro capta lo que Tony sabe hacer mejor: entrelazar una sólida teología bíblica con una sociología práctica y con unas pautas psicológicas realizables.

Tony Campolo constituye uno de los conferencistas favoritos del personal profesional de Juventud para Cristo cuando planifican conferencias. Creo que usted disfrutará la lectura de *La fantasía del éxito*.

Jay Kesler, Presidente
Universidad Taylor

1

¿QUÉ ES EL ÉXITO?

El éxito es como una resplandeciente ciudad; el proverbial caldero de oro al extremo del arcoiris. Soñamos con él cuando somos niños, luchamos por él durante toda nuestra vida adulta y sufrimos de melancolía en la ancianidad por no haberlo alcanzado.

El éxito es el lugar de la felicidad. Las ansiedades que sufrimos al pensar en que no llegaremos a él nos dan úlceras, ataques al corazón y desórdenes nerviosos. Si no logramos realizar lo que queremos, la vida nos parece carente de sentido y nos sentimos emocionalmente muertos.

Puesto que el fracaso es nuestro pecado imperdonable, estamos dispuestos a pasar por alto todas las formas de desviación en las personas, con tal que éstas alcancen los símbolos de éxito que nosotros adoramos. Por tanto, aunque enviamos a las penitenciarías a los culpables de delitos pequeños, honramos a nuestros grandes señores del robo, llamándolos *filántropos* y poniéndoles su nombre a las instituciones.

¿Qué es el éxito? La palabra en sí significa muchas cosas; no obstante, para los fines que nos proponemos, aceptemos que en nuestra cultura, éxito quiere decir que la persona ha conquistado para sí una de las siguientes cosas, si no todas: riquezas, poder y prestigio. Cuando alguien posee una de ellas, tiende a poseer las otras dos también. Los ricos tienden a tener poder y prestigio. Por lo general, los poderosos adquieren prestigio y riqueza, y los prestigiosos suelen ser personas ricas y poderosas. Las personas que sólo tienen uno de estos atributos, raras veces se sienten satisfechas antes de haber alcanzado los otros dos. En la sociedad, la senda normal hacia el éxito consiste en adquirir riquezas primero, para después ganar prestigio y poder de manera gradual.

Las riquezas

¿Quién pondría en duda que la riqueza es una de las grandes demostraciones del éxito? Los que la tienen son tratados con deferencia y honor, mientras que quienes carecen de ella suelen ser relegados a la insignificancia social, y a veces, al rechazo.

Los cristianos de la Iglesia Primitiva, que solían darles preferencia a los ricos y humillaban a los pobres. Santiago cita en su epístola este tipo de prácticas y las condena:

> Porque si en vuestra congregación entra un hombre con anillo de oro y con ropa espléndida, y también entra un pobre con vestido andrajoso, y miráis con agrado al que trae la ropa espléndida y le decís: Siéntate tú aquí en buen lugar; y decís al pobre: Estate tú allí en pie, o siéntate aquí bajo mi estrado; ¿no hacéis distinciones entre vosotros mismos, y venís a ser jueces con malos pensamientos? Hermanos míos amados, oíd: ¿No ha elegido Dios a los pobres de este mundo, para que sean ricos en fe y herederos del reino que ha prometido a los que le aman? Pero vosotros habéis afrentado al pobre. ¿No os oprimen los ricos, y no son ellos los mismos que os arrastran a los tribunales?
>
> Santiago 2:2-6

Cuando alguien fracasa, puede llegar a sentir que hasta Dios mismo lo rechaza. A muchos se les ha hecho difícil creer que son aceptos ante el Todopoderoso, después de haber sido hallados inaceptables según los criterios de éxito de nuestra cultura.

Muchas personas han torcido el mensaje judeocristiano, de manera que signifique que las riquezas son prueba de una estatura espiritual superior. Algunos cristianos hacen de la cantidad de dinero que posee una persona un medio para juzgar su relación con Dios, señalando que cuando los judíos de la antigüedad estaban en una relación correcta con Dios, disfrutaban de tal abundancia de cosas materiales, que su copa estaba llena hasta desbordarse. Dicen que si guardamos la Ley de Dios, en especial su mandato de diezmar de nuestros ingresos para la obra de la Iglesia, el Señor nos prosperará más allá de lo que podamos imaginarnos. Hacen estas afirmaciones a pesar del hecho de que hay decenas de miles de personas en las naciones más pobres, que aman al Señor, obedecen su Ley, diezman con fidelidad y con todo, sufren privaciones más allá de toda comprensión humana. Muchos cristianos creen de manera subconsciente que Dios debe ser aliado de los ricos.

Recuerdo que durante mi niñez asistí en mi iglesia a reuniones de testimonio en las cuales los cristianos decían que habían sido personas pobres y abatidas hasta que habían aceptado a Cristo como Salvador y Señor personal. Entonces relataban cómo, a consecuencia de su nueva vida en Cristo, habían experimentado de pronto la prosperidad. Esos testimonios siempre me dejaban un poco perplejo, porque Jesús enseñaba que seguirlo a Él nos costaría todo lo que poseyéramos, y que al final nos pudiéramos encontrar, como el apóstol Pablo, pobres, abatidos y en la cárcel.

Los sermones desde los púlpitos, los artículos de las revistas y esos testimonios en los banquetes de hombres de negocios cristianos que triunfan, refuerzan todos ellos el credo de que Jesús nos va a prosperar, con tal que nosotros marchemos por sus caminos. Ejemplo exagerado de esta creencia es el Reverendo Ike, un predicador de la televisión. Éste ha dicho en más de una ocasión: "Dios no quiere que nadie sea pobre. Si usted cree en Él, creerá en sí mismo, y si usted cree en sí mismo, se hará rico. Yo soy rico, y eso se debe a que creo en Dios y creo en el Reverendo Ike."

En nuestra sociedad hay mucha gente que mide el valor de una persona por las riquezas que posea al morir. Todos hemos oído decir con respecto a alguien que acaba de fallecer: "Nació pobre, de padres humildes, pero al morir, valía millones." Es como si esto fuera lo mejor que se pudiera decir de aquella persona.

Hasta buscamos los símbolos de la riqueza en el momento de la muerte. Esa es la razón por la que algunos proporcionan a los suyos un entierro tan costoso. Aunque la persona no haya sido rica, queremos que lo parezca en su despliegue final ante amigos y parientes.

Oí hablar una vez de un entierro en California en el que un hombre pidió que lo enterraran sentado al volante de un Cadillac nuevo, vestido con smoking, y con un tabaco habano en la boca. Dejó dinero suficiente para asegurarse de que cumplirían su deseo, y cuando murió, sus planes fueron llevados a cabo. La empresa fúnebre consiguió una grúa gigantesca para maniobrar con el automóvil que le sirvió de ataúd al difunto. Dicen que mientras empujaba la palanca para bajar el cuerpo y el Cadillac a la fosa, el operador de la grúa exclamó: "¡Vaya, eso sí que es vivir!"

En una ocasión, mi hija y yo estábamos haciendo un recorrido turístico por Chicago en ómnibus. Al detenerse el ómnibus ante un cine, nuestro guía señaló hacia un callejón, y con toda seriedad nos dijo que allí fue donde el FBI había abatido a tiros a John Dillinger, el infame ladrón de bancos. Entonces añadió: "Cuando John Dillinger murió, después de robar más de un millón de dólares en bancos de todo el Oeste Medio de la nación, sólo le quedaban treinta y dos centavos."

Mi hija comentó: "¡Qué coordinación tan perfecta!"

Ella opinaba que, si hay que morir, ¿qué momento mejor que cuando se nos está acabando el dinero? Sin embargo, los ricos no suelen tener esa opinión. Para muchos, nada pudiera ser peor que ver el final de su existencia descrito con estas palabras condenatorias: "Murió sin un centavo."

Poder

Puesto que queremos controlar nuestro propio destino, nos incomodan los trastornos causados por fuerzas que no podamos dominar. Disfrutamos cuando tenemos gente que nos sirva, y nos sentimos poderosos si podemos dirigir las acciones de los demás.

Como cristianos, es posible que digamos que queremos el poder a fin de hacerles el bien a los demás en el nombre de Cristo. Quizá alegamos que nuestra única motivación al buscar el poder es que vemos lo que es necesario hacer, y queremos tener las manos libres para hacerlo. Con unos fundamentos tan nobles, buscamos altos puestos y nombramientos de importancia. Sin embargo, esta pureza de propósitos es más una declaración que una realidad. Todos los que buscan el poder tienen aspiraciones encubiertas que se relacionan con esa gratificación del yo que trae consigo la posesión de poder.

Yo nunca he tenido poder, pero sí gané unas elecciones primarias que me hicieron candidato al Congreso de los Estados Unidos. Aunque perdí en las elecciones generales, el solo hecho de haber sido candidato al congreso por mi distrito me dio un cierto grado de influencia sobre algunos políticos de menor cuantía que tenían trabajos de protección al público en el distrito.

A veces, acudían a mí personas metidas en serios problemas, al no lograr que la burocracia política local respondiera a sus necesidades. Me solía encantar llamar por teléfono al burócrata que había estado causando el problema y ordenarle que hiciera bien las cosas, o se atuviera a las consecuencias. Cuando la persona con los problemas me miraba con gratitud y admiración, yo trataba de convencerme a mí mismo de que mis motivos eran puros; pero en lo más profundo de mi ser, me daba cuenta de que disfrutaba demasiado del uso de mi poder para considerar aquel acto como puro altruismo.

En muchos sentidos, el reto feminista a los papeles tradicionales del hombre y la mujer se ha convertido en una lucha por el poder. Los esposos que se sienten víctimas en su trabajo diario se resisten a perder la autoridad en su hogar. Se aferran con tenacidad al poder, usando la Biblia para justificar su dominio sobre su esposa y sus hijos.

Por otra parte, hay mujeres que se sienten insignificantes porque les parece que se hallan bajo el control de su esposo. A estas mujeres les incomoda tener que lavar los platos, limpiar el baño y cambiar los pañales, mientras su esposo se sienta, a leer el periódico. Estas mujeres alegan que se deben rebelar, porque se las está tratando como sirvientas.

12 *La fantasía del éxito*

En las disputas laborales, es frecuente que las cuestiones tengan menos que ver con dinero que con el resentimiento de los trabajadores contra el "uso indiscriminado del poder por parte de la gerencia". Los obreros quieren ser los que decidan qué les puede hacer y qué no les puede hacer la gerencia. Quieren tomar parte en el proceso de la toma de decisiones. Los patrones saben que con frecuencia se puede apaciguar a un empleado que no se sienta bien en el trabajo, sin aumentarle el salario, siempre que se le aumente el poder.

Muchos capataces han renunciado a su trabajo, frustrados porque los sindicatos les han restringido la capacidad para decirles a los obreros lo que deben hacer. Sin poder, no parece haber mucha razón para seguir en el trabajo, aunque el salario sea atractivo.

Ni siquiera las iglesias se escapan de esas pequeñas luchas por el poder. Nadie puede decir cuántas iglesias se han desintegrado como consecuencia de luchas por el poder que han dividido a la congregación, o han causado que grupos enteros se marcharan de la iglesia. Los voceros de los campos en conflicto suelen cubrir sus acciones con alegaciones idealistas como las de "defender la verdad" o "ser fieles al evangelio". Sin embargo, todos estamos perfectamente conscientes de que tras este tipo de conflictos hay gente que ambiciona el poder.

Aun en medio de nuestra búsqueda de poder, sentimos que hay algo malo inherente a lo que estamos haciendo. Nos tenemos que enfrentar a la persona del Señor Jesucristo, quien se opone a nuestros juegos de poder.

Durante las tentaciones de Jesús (Mateo 4), Satanás trató de seducirlo para que utilizara el poder de forma que impulsara a la gente a rendirle obediencia, a base de:

- alimentarla con pan hecho de piedras,
- asombrarla al descender flotando desde el pináculo del templo y llegar a tierra sin hacerse daño alguno,
- establecer una autoridad terrena sobre los sistemas y los pueblos del mundo.

Sin embargo, Jesús se negó a usar poder para ganar seguidores. En lugar de hacer eso, se despojó a sí mismo de poder y decidió ganarnos desde una posición de debilidad: desde la cruz. Las Escrituras dicen que se convirtió en un Siervo obediente; obediente hasta la muerte, "y muerte de cruz" (Filipenses 2:8). Nació en la debilidad y murió en la debilidad, porque a través de esa debilidad, el Padre logró hacer su voluntad en la historia, al convertirse en realidad la salvación. Cristo quiere que abandonemos nuestros juegos de poder, y nuestros intentos por dominar a los demás, y que lo sigamos a Él en servidumbre.

A un mundo que adora el poder, que lo ve como una señal definitiva del éxito, le cuesta mucho comprender una clase de éxito que se fundamenta en la sumisión mutua por amor. El filósofo existencialista ateo Federico Nietzsche afirmaba que el "afán de poder" era el impulso más fundamental de la personalidad humana, y que motivaba toda la conducta del hombre. Yo creo que en esta afirmación de Nietzsche hay más de cierto de lo que a nosotros nos gustaría admitir. El poder es una señal de éxito en nuestra sociedad, y el apetito humano por alcanzarlo parece insaciable.

El prestigio

Si no tenemos dinero ni poder, aún podemos sentir que hemos triunfado si tenemos el respeto de otros. Cuando no era más que un joven ministro sin riquezas ni poder, me encantaba que me llamaran "Reverendo". Me hacía sentir orgulloso que me invitaran a orar en las reuniones públicas de importancia; me emocionaba el honor de hablar ante reuniones prestigiosas. Cuando me pidieron que fuera en avión desde Pensilvania hasta la costa del Pacífico para hablar en una convención, aquello me pareció una prueba de que yo era alguien especial. Tendría poco poder, y escaso dinero, pero me sentía tan triunfador como cualquier millonario o congresista, cuando todo lo que hacía era predicarles "con humildad" el evangelio a unos cuantos miles de personas.

Los patrones hacen bromas acerca del hecho de que, si no les pueden dar a sus empleados un aumento de salario, los pueden satisfacer con unos títulos más prestigiosos. En las reuniones sociales, nos encanta impresionar a la gente a base de convencerla de que tenemos una posición importante. Nos sentimos triunfantes si la gente se impresiona al oír lo que respondemos cuando nos preguntan: "¿En qué trabaja usted?"

Todos empleamos estrategias para obtener prestigio. Los clérigos buscan títulos honorarios que añadir a su nombre. Los alumnos de secundaria pagan un alto precio para que se los conozca como miembros del equipo de fútbol. Las jovencitas sueñan con la posición que obtendrán en su grupo de la escuela cuando sepan a qué jovencito le caen bien. Todos tenemos la tendencia a practicar el arte de sentirnos superiores unos a otros, y al mismo tiempo afirmar que somos seguidores de Jesús, el que "se despojó a sí mismo" (Filipenses 2:7).

Sentirse triunfantes por medio del prestigio es un problema complejo para las mujeres. Tradicionalmente, ellas obtenían su prestigio de manera vicaria, a base de tomarlo prestado de sus esposos. Si el esposo tenía un trabajo que traía consigo un reconocimiento positivo, la mujer sentía que ella también era importante. Sin embargo, el movimiento feminista está cambiando todo esto al afirmar que toda mujer debe obtener sus propios logros para ganar el respeto de los demás.

Para muchas mujeres, este llamado al éxito personal ha llegado demasiado tarde. Se han sentido cómodas al compartir los éxitos de su esposo, satisfechas con sonreír de manera benévola mientras él recibe sus honores en la reunión del club y le dice bondadosamente al auditorio: "Yo no estaría aquí hoy, si no fuera por mi amada esposa, quien me ha acompañado, tanto en los momentos buenos como en los malos, y me ha apoyado en todo cuanto he emprendido."

Después de acostumbrarse a sentirse triunfantes por estar casadas con un esposo que ha triunfado, ahora se les dice que aquello ya no basta. Se les informa que los tiempos que corren exigen que cada mujer se gane su posición a través de sus propios logros. Un reto así puede crear inseguridad, en especial cuando se trata de mujeres de más de cuarenta años de edad.

Cuando evalúo mis propias actitudes, descubro que la única vez que me siento seriamente tentado a mentir, es cuando esa mentira le va a dar realce a mi categoría personal. Tengo la tendencia a decir que soy más de lo que soy en realidad; a pintarme de un tamaño mayor al que tengo en verdad. Exagero mis éxitos, reduzco al mínimo mis fracasos, y me ofrezco al mundo como alguien que ha realizado grandes cosas. ¡Qué contraste tan penoso hago con Jesús, quien estuvo dispuesto a negarse a sí mismo por nosotros! Dios honra ahora la humildad de su Hijo, al darle el "nombre que es sobre todo nombre, para que en el nombre de Jesús se doble toda rodilla . . . y toda lengua confiese que Jesucristo es el Señor" (Filipenses 2:9-10).

Los que buscan prestigio nunca lo conseguirán de Dios; en cambio, los que están dispuestos a ser humildes y tomar los "últimos lugares en el banquete", verán que el Padre celestial los llama a los lugares de honor que ellos saben que no merecen. (Ver Lucas 14:7-11.) Las Escrituras advierten que quienes buscan la alabanza del mundo, ya tienen su recompensa aquí en la tierra, pero los que están dispuestos a servir en secreto, sin pensar en absoluto en el reconocimiento público, se verán a sí mismos recibiendo honra en el cielo (Mateo 6:1-6).

Los cristianos y los Tres Grandes

Puesto que el mundo ve las riquezas, el poder y el prestigio como los indicadores del éxito, a nosotros se nos ha condicionado a buscarlos con toda nuestra fuerza. Sin embargo, el Señor tiene unos criterios diferentes para evaluar el éxito. Nos llama a apartarnos de los símbolos del éxito que usa la sociedad y nos exhorta a buscar "el reino y su justicia" (Mateo 6:33). Muchos a quienes la sociedad considera los menos importantes pudieran encontrarse sentados en los lugares de honor en el gran banquete del mundo futuro.

Las riquezas, el poder y el prestigio pueden corromper a quienes los poseen. Las riquezas nos pueden engañar para que caigamos en una especie de autosuficiencia y neguemos que tenemos necesidad de Dios. Es fácil que nos convirtamos en tan abiertamente protectores de nuestros intereses económicos que nos opongamos a unas normas sociales compasivas que pudieran disminuir nuestra riqueza.

El poder nos puede convertir en tiranos. El deseo de dominar a los demás nos puede llevar a disminuir su humanidad, y también la nuestra. Algunas veces, sacrificamos a los más cercanos a nosotros con el fin de alcanzar poder.

El hambre de prestigio nos puede llevar a un orgullo destructor y a un egoísmo sin límites, hasta que nuestra necesidad de que el mundo se centre en nosotros se convierte en algo repugnante.

Con todo, necesitamos recordar que las riquezas, el poder y el prestigio tienen una gran potencialidad para el bien. Sólo es malo su uso equivocado. El Señor es el dueño de "los millares de animales en los collados" (Salmo 50:10) y de las riquezas que hay en todas las minas. Él tiene el poder necesario para mantener unido el universo, o destruirlo en un instante. Sin embargo, Él usa sus riquezas, su poder y su prestigio para expresar amor y beneficiar a todos.

Si queremos que nos gobierne la voluntad de Dios, podemos aprender a usar nuestras riquezas, poder y prestigio a favor de los demás, y para extender el reino de Dios en el mundo.

2

LOS TRIUNFADORES PUEDEN SER DISCÍPULOS

No es necesario ser un fracasado para poder ser discípulo de Jesús. También los triunfadores son llamados a seguir al Maestro. Las Escrituras enseñan que quienes tienen en su poder los trofeos de sus éxitos, deben estar dispuestos a dejarlos al pie de la cruz; dispuestos a rendirle a Jesús sus riquezas, su poder y su prestigio. Es hermoso ver gente dispuesta a usar el éxito que ha logrado, en obediencia a la voluntad de Dios.

¿Se siente fracasado?

En realidad, no son muchos los que se sienten triunfadores. Una de las grandes ironías de este mundo es que los que logran grandes éxitos ante los ojos de los demás, con frecuencia se sienten grandes fracasados ellos mismos. Todos conocemos personas que parecen impulsadas por la necesidad de tener logros cada vez mayores, para convencerse a sí mismas de que están triunfando. En cierto sentido, ese fue el problema fundamental del presidente Nixon en los Estados Unidos. A pesar de lo que puedan decir, creo que en el fondo era un hombre bueno. Su caída fue consecuencia del hecho de que nunca se sintió totalmente triunfador, por mucho que hubiera logrado.

Esto fue lo que le condujo a Watergate. Para Nixon, no bastaba con ser un candidato vencedor; ansiaba una victoria tan total que fuera una entrega completa de poderes. Quería para los resultados de las elecciones demostraran su popularidad de manera que quedaran satisfechas sus ansias de autoafirmación. Sin embargo, al final, este anhelo de afirmación lo condujo a su destrucción.

Las personas importantes en nuestra vida

¿Qué es lo que nos da esa sensación de satisfacción acerca de nuestros éxitos? ¿Qué es lo que hace que algunas personas se sientan triunfadoras a pesar del hecho de que el mundo en general las declare fracasadas, mientras que otras se sienten fracasadas a pesar del hecho de que el mundo las considera triunfadoras? Las respuestas a estos interrogantes se hallan en una importante verdad: *Somos triunfadores, si la gente que más nos importa en nuestra vida nos considera triunfadores.*

Es posible que todos conozcamos algún hombre que haya realizado grandes cosas, pero carezca en absoluto de sentido alguno de autorrealización porque no ha alcanzado el éxito ante los ojos de su propio padre. Si ese padre es la *persona importante* de su vida, el aplauso de miles no significa tanto para él como el reconocimiento que le podría dar esa única persona: su propio padre.

Conozco a una dama que es una pianista maravillosa, y muy conocida como una artista consumada. No obstante, en su interior se siente fracasada porque su padre, también pianista famoso, nunca le ha dado la aprobación que ella tanto ansía. Trabaja sin cesar y sufre constantemente en su lucha por lograr el éxito ante los ojos de su padre. La riqueza, el poder y el prestigio no significan nada sin la aprobación de nuestros seres amados.

El cambio progresivo de las personas importantes

En las diferentes etapas de nuestra vida, van cambiando las personas que nos son importantes. Aquellas personas cuya aprobación nos produce la sensación interna de éxito no son las mismas a lo largo de todo el ciclo de la vida. Los niños sienten auténtico placer cuando hacen algo por lo cual "papá y mamá" se sienten orgullosos de ellos. Nada los destruye más, ni los deja con una sensación mayor de fracaso, que el darse cuenta de que sus padres no aprueban lo que han hecho. Recuerdo que cuando era niño corría a casa cuando llevaba buenas calificaciones para que mi madre y mi padre me elogiaran. Si ellos decían que era un buen muchacho, porque había sacado buenas notas, yo sabía que no tenía nada más que lograr. Mi vida giraba alrededor de esa aprobación de mis padres.

Para los adolescentes, las personas importantes tienden a estar en sus propios grupos. La mayoría de nosotros recordamos los períodos de nuestra vida en los que la aprobación del "grupo" suplantaba la opinión de los padres. Hasta es posible que hayamos desarrollado una indiferencia ante la aprobación paterna, y mirado con desdén a nuestros compañeros de la secundaria que aún se sentían motivados en primer lugar por el deseo de complacer a sus padres.

Nuestra sociedad, donde los varones llevan ventaja, ha sido sobre todo dura con los muchachos que trabajan tiempo extra para lograr el elogio de su madre. Se les ha llamado "niños de mamá", y se les ha considerado como "menos hombres" de lo que se consideran la mayoría de los jovencitos.

Los años de transición a la edad adulta son años cuando los importantes son los jóvenes de su propia edad. Si *ellos* piensan que una persona es popular, entonces esa persona se siente bañada por el éxtasis de sentirse triunfadora. Entonces le resulta fácil soportar la desaprobación de sus padres.

Cuando recuerdo mis años de adolescente, sé que de todos los miembros de mi grupo que me hacían sentir importante, ninguno lo era tanto para mí como los del sexo opuesto. Las chicas que eran populares con los chicos se sentían que eran "alguien" importante. Nada hacía sentirse menos valiosas a las chicas que la falta de popularidad entre los chicos de la escuela.

Entre los varones, había una disposición a hacer lo que hiciera falta para ganarse la admiración de las chicas más especiales. Recuerdo que traté de pertenecer a todos los equipos deportivos, con la esperanza de que mis capacidades deportivas hicieran que me adoraran las chicas que me gustaban. Siempre estaba soñando con anotar el tanto que ganaría el partido. Para mí, los juegos sólo eran un medio para conseguir mi fin, y ese fin era ganar más aprobación y admiración por parte de las chicas que ningún otro chico. Tener éxito significaba obtener la aprobación de mis iguales; en especial de mis iguales del sexo femenino.

El "importante generalizado"

Cuando intentamos definir las personas importantes para los adultos, tenemos una tarea más complicada. No tenemos una seguridad total sobre quién es aquél cuya aprobación tratan de conseguir los adultos. Es demasiado simple decir que, al igual que los adolescentes, quieren impresionar a sus iguales. Los adultos quieren más que eso. Quieren la aprobación del mundo en general. Quieren que unas personas con las que nunca se han encontrado los conozcan y admiren. Quieren disfrutar de un amplio reconocimiento y de unos símbolos del éxito reconocidos por todos.

¿Con cuánta frecuencia actuamos de una forma particular con el fin de que "nos aprueben"? Cuando pensamos en el fracaso, tememos que "nos desprecien". Ante este supuesto jurado, alegamos a favor de nuestro valor personal. El veredicto que pensamos que "ellos" lanzan con respecto a nosotros es el que lleva en sí el fundamento de nuestro bienestar.

Ahora bien, ¿quiénes son "ellos", esas personas que sostienen tan descuidadamente nuestra sensación de autoestima en sus manos? Son todo el mundo, y sin embargo, no son nadie en especial. Son personas con las que nunca nos hemos encontrado, pero que se pudieran convertir en las personas más importantes de nuestra vida. Para los adultos, el "importante generalizado" se convierte en el "importante" cuyo elogio produce la sensación de éxito.

La competencia y el temor al fracaso

Respetamos más el éxito cuando se logra a través de la competencia. A quienes heredan las riquezas, el poder y el prestigio, no se los ve como verdaderos triunfadores. De alguna manera nos parece que carecen de las virtudes de la gente verdaderamente triunfadora que se ha ganado estas cosas con su propio esfuerzo.

En el forcejeo de esta competencia en la que parece que todos somos obligados a entrar, hay un miedo constante al fracaso, y es este miedo al fracaso el que hace brotar parte de nuestra conducta más patética. El niño, temeroso de no haber hecho lo suficiente para obtener la aprobación de sus padres, alardea sobre logros que nunca ha tenido, o exagera lo que ha logrado. El adolescente, que sabe que debe ganarse la aceptación de sus compañeros con cuidado a base de imitar el estilo de vida de ellos, vive con el temor de hacer, decir o incluso pensar algo que lo aparte de ellos y lo deje solo. El adulto, que no está bien seguro de quién es al que está tratando de agradar, tiene temores que se convierten en una ansiedad difusa, dejándolo inmovilizado e incapaz de tomar los riesgos necesarios para lograr una vida realizada y triunfante.

Otra opción

El cristianismo proporciona una opción a las amenazas de fracaso que ocupan un puesto de tanta importancia en nuestra sociedad hambrienta de éxitos. Hay liberación de los temores que le roban el gozo a nuestra vida. El evangelio es la buena noticia de que hay otra opción que impide que el juego del éxito sea el único juego en la sociedad.

Cuando nos convertimos a Cristo, invitamos a Jesús a convertirse en la persona más importante de nuestra vida. Le permitimos que desplace al mundo, por utilizar el lenguaje de las Escrituras. Ser cristianos significa que buscamos su aprobación, y aprendemos a considerar secundario lo que el mundo dice de nosotros. Es difícil complacer a Jesús y a los demás en general al mismo tiempo. Como cristianos que somos, nuestro llamado supremo es a hacer "lo que es agradable delante de él" (Hebreos 13:21).

Cuando nos orientamos hacia Jesús, y tratamos de conseguir su aprobación, descubrimos que Él nos acepta tal como somos. Jesús no nos exige ningún logro gigantesco antes de considerarnos valiosos. Lo que Él le dice a cada uno de nosotros es: "Si tú fueras la única persona que hubiera vivido en el tiempo y la historia, eres tan valioso para mí que yo habría muerto para salvarte sólo a ti."

No tenemos que trabajar para ganarnos posiciones de privilegio a su diestra, porque Él ya ha declarado que somos herederos de Dios y coherederos con Él. Esto significa que, en última instancia, las riquezas del universo son nuestras. Significa que se nos ha asignado una categoría superior a la de los ángeles. Significa que recibimos poder para unirnos a la familia de Dios y para servir al hombre y a Dios de acuerdo con la voluntad de éste.

Nos es difícil creer estas verdades porque tenemos la idea de que el éxito se obtiene a base de competir. No nos es fácil aceptar que seamos los herederos de una riqueza, un poder y un prestigio espirituales. Queremos hacer algo maravilloso para Dios; ser merecedores de estas cosas.

Pablo trató de convencer a los primeros cristianos de que "por gracia sois salvos por medio de la fe; y esto no de vosotros, pues es don de Dios; no por obras, para que nadie se gloríe" (Efesios 2:8-9). Pasamos por la vida torturados por la creencia de que no hemos hecho lo suficiente para ser dignos de su aprobación, a pesar del hecho de que Él nos dice que nos aprueba por lo que su Hijo ha hecho a favor nuestro. Nada nos puede apartar de su amorosa aprobación. "Ni la muerte, ni la vida, ni ángeles, ni principados, ni potestades, ni lo presente, ni lo por venir, ni lo alto, ni lo profundo, ni ninguna otra cosa creada nos podrá separar del amor de Dios, que es en Cristo Jesús Señor nuestro" (Romanos 8:38-39).

Éste es el significado de la gracia: la aprobación y la amorosa aceptación por parte de Dios, sin que nosotros tengamos que lograr nada. Es esa sensación interna de triunfo que viene con el sentirse aceptado, apreciado y deseado por Dios. Para el niño, la palabra es: "Aunque mi padre y mi madre me dejaran, con todo, Jehová me recogerá" (Salmo 27:10). Para el adolescente, la buena noticia es que Jesús es el "amigo... más unido que un hermano" (Proverbios 18:24). Para el adulto, hay una pregunta: "Si Dios es por nosotros, ¿quién contra nosotros?" (Romanos 8:31).

3
ÉXITOS Y SUFRIMIENTOS DE LA GENTE MENUDA

Los niños pequeños se suelen sentir triunfadores cuando captan que se han ganado la aprobación de sus padres. Sigmund Freud limitó esto hasta hacerlo significar que cuando más se sienten triunfadores los niños, es cuando logran la aprobación del padre del sexo opuesto. Él creía que al principio de la niñez los varones luchan sobre todo por ganarse el afecto y la aprobación de la madre, mientras que las niñas quieren obtenerlos de su padre.

Freud le llamó a esta tendencia "complejo de Edipo" en los varones, y "complejo de Electra" en las niñas. Los niños, hasta entre los siete y los diez años, se sienten triunfadores si saben que su mamá está orgullosa de ellos. Las niñas en este período del desarrollo se sienten triunfadoras si saben que su padre las considera personitas especiales y hermosas.

Estamos conscientes de las limitaciones que existen en gran parte de cuanto enseñó Freud, en especial, de su desdén por las dimensiones espirituales de la personalidad. No obstante, no debemos pasar por alto su comprensión de las relaciones que existen entre los niños y sus padres; Freud ofreció valiosas ideas sobre la conducta humana.

La aprobación de los padres es esencial

De niño, me encantaba escuchar que mi madre me dijera: "Me siento orgullosa de ti." En una ocasión, representé un papel especial en una breve obra de teatro presentada por nuestra clase de segundo grado. Recuerdo lo importante que era para mí que mi madre viniera a ver la representación, y lo orgulloso que me sentí cuando me abrazó después de terminar y me dijo que lo había hecho muy bien. Los logros de Alejandro Magno no lo habrían hecho sentir a él más victorioso de lo que me sentí yo aquel viernes por la noche en el auditorio de la escuela. Mis fantasías infantiles solían girar alrededor de la idea de hacer algo tan maravilloso, que yo pudiera convencer a mi madre de que tenía el hijo mejor y más heroico de todo el mundo.

En la escuela o en la iglesia, me encantaba tener la oportunidad de hacer cosas que pudiera llevarme a casa para mostrárselas a ella. No puedo ni expresar lo feliz que me sentía cuando, después de llevar a casa algo hecho por mí, mi madre me preguntaba, con evidente asombro: "¿Fuiste tú el que hizo esto? En realidad no fuiste tú, ¿verdad?"

Recuerdo que saltaba de emoción mientras le decía: "Sí, yo lo hice. Lo hice, y lo hice para ti, mamá. Lo hice para ti." Me sentía tan bien, que me daban ganas de regresar a hacer más y mejores cosas. La sensación de éxito que inundaba mi pequeño cuerpo procedía de que estaba haciendo las cosas que ella aprobaba.

El complejo de Edipo de los niños tiene su paralelo en el complejo de Electra de las niñas. Lo que esto significa es que las niñas pequeñas se apoyan en su padre en cuanto a su vida emocional. He entrevistado a muchas mujeres, y les he pedido que piensen en lo que les hizo sentir que tenían éxito en sus primeros años de vida. Todas ellas señalaban lo importante que fue su padre para hacerlas sentir triunfadoras. Una de ellas me habló del momento más feliz de su vida. A la edad de siete años, ella había tocado en un recital en el estudio de su profesora de piano, y su padre había estado allí, sonriendo.

Otras mujeres me hablaron de que se vestían bien y trataban de verse bonitas para su padre, y de lo mucho que les complacía que él se fijara en lo bien que se veían. Cada una de aquellas mujeres había tenido en su niñez un profundo anhelo por ser "la niña de papá". Querían que su padre se sintiera orgulloso de tener una hija tan talentosa y atractiva.

La retención de la aprobación paterna

En muchos casos, el que los padres no hayan estado dispuestos a conceder una aprobación tan buscada ha tenido consecuencias duraderas y dañinas en el desarrollo futuro de un niño. Un amigo mío investigó la vida de diversas personas famosas, conocidas por sus extraordinarios logros. Su estudio demostró que muchos de ellos habían llegado a ser lo que eran debido al tipo de relación que habían sostenido con sus padres en sus primeros años de vida.

Como caso típico, imaginémonos un niño pequeño que lucha muy duro para ganarse la aprobación de su mamá, pero no siente nunca que la ha conseguido. Trabaja cada vez más duro, siempre con la esperanza de que, si él tiene logros mayores, ella le dará lo que él tanto desea. Ella no le da su aprobación, y así él sigue tratando de alcanzar niveles de realización cada vez más altos, esperando ganarse el elogio de esta mujer que aparece en su subconsciente como la persona más importante en su vida.

Hay algunos niños que nunca superan esa sensación de que necesitan la aprobación materna. A menos que los niños reciban la aprobación de sus padres en el período previo a la adolescencia, se les hará difícil permitir que otras personas ocupen el lugar de sus padres como personas importantes en su vida. Como dicen los psicólogos, adquieren una fijación en un estado infantil. A lo largo de su vida, funcionan como niños pequeños, siempre con la esperanza de que sus padres lleguen a admirar sus logros.

Algunos padres piensan que es un acto de amor el no darles una aprobación fácil a sus hijos por sus logros. Les parece que, al no mostrar una pronta satisfacción con lo que realizan sus hijos, los están animando a hacer las cosas mejor. Cuando sus hijos vienen a casa llenos de orgullo con un informe escolar donde hay buenas notas en todas las asignaturas, menos en una, en lugar de obtener el aplauso de los padres, lo que reciben es el enfrentamiento del "¿Por qué sacaste esta nota tan baja?"

Aunque esta táctica pudiera motivar a los niños a trabajar con más entusiasmo en la escuela para obtener notas mejores, también los puede empujar a convertirse en trabajadores incansables que nunca estén satisfechos por mucho que hagan, y que nunca sientan que están triunfando, por mucho que digan los demás. Mi amigo que hizo la investigación sobre aquellas personas famosas descubrió que muy pocas de ellas sentían satisfacción con su vida, o gozo por lo que habían hecho. A pesar de lo grandes que eran sus logros, aquellas personas vivían con la infantil impresión de que podían hacer las cosas mejor aún.

Anime a sus hijos

Frente a estas prácticas en la crianza de los hijos, el apóstol Pablo nos enseña: "Padres, no provoquéis a ira a vuestros hijos, sino criadlos en disciplina y amonestación del Señor" (Efesios 6:4).

Los padres necesitan que esta advertencia bíblica les impida empujar demasiado duro a sus hijos y distorsionar su personalidad. Es correcto exhortar a los hijos para que tengan logros en su vida, pero es necesario hacerlo con gracia, en lugar de negarles la aprobación y el aliento.

La forma en que Dios se relaciona con sus hijos es el mejor modelo para animar a los niños hacia niveles de realización más altos, sin infligirles daños emocionales.

1. Él perdona. Mientras Dios nos muestra cómo manejar nuestros propios fracasos, podemos aprender de Él la manera de tratar los fracasos y los logros de nuestros hijos. Cuando le fallamos al Señor, Él no se limita a perdonarnos, sino que también *nos justifica.* Aunque parezca infantil, yo aún prefiero describir la justificación tal como se me explicó cuando era niño: Dios me trata como si nunca hubiera pecado. Esa simple afirmación es una descripción veraz de la forma en que Dios maneja nuestros pecados y fallos: los sepulta en lo más profundo del mar para no recordarlos más (ver Miqueas 7:19). Se nos dice: "Ahora, pues, ninguna condenación hay para los que están en Cristo Jesús" (Romanos 8:1). Nunca se nos echan en cara nuestros fracasos, una vez que los hemos confesado y pedido perdón por ellos. Los padres deben hacer lo mismo cuando sus hijos fallan, ayudándolos a admitir sus fallos, a aprender de ellos y después, a dejarlos en el olvido, donde ya no puedan causar depresión.

Jesucristo no se limita a olvidar nuestros fallos, sino que también nos elogia por las cosas buenas que hacemos. Él mismo nos ha dicho que ni siquiera un vaso de agua fresca dado en su nombre quedará sin recompensa (ver Mateo 10:42). En la descripción bíblica del día del Juicio, Él recuerda las cosas buenas que hemos hecho, aun después de haberlas olvidado nosotros, recordando que hemos alimentado a los hambrientos, vestido a los desnudos y visitado a los enfermos y a los encarcelados. Cuando les recuerda a los suyos sus buenas obras olvidadas, ellos se sorprenden y le preguntan: "Señor, ¿cuándo te vimos hambriento, y te sustentamos, o sediento, y te dimos de beber? ¿Y cuándo te vimos forastero, y te recogimos, o desnudo, y te cubrimos? ¿O cuándo te vimos enfermo, o en la cárcel, y vinimos a ti?"

Entonces Jesús les responderá: "De cierto os digo que en cuanto lo hicisteis a uno de estos mis hermanos más pequeños, a mí lo hicisteis" (ver Mateo 25:34-40).

¡Qué Salvador! Olvida nuestros fallos, pero recuerda cuanta buena cosa hacemos, y nos recompensa, tanto ahora como en la eternidad, por nuestros limitados logros. He aquí un verdadero modelo, en cuanto a la educación de los hijos, para los padres de todas partes.

2. *Él motiva.* Jesús motiva a los suyos a niveles más altos de realización, no a base de negarles sus símbolos de amor y aprobación, sino a base de tratar de desarrollar dentro de nosotros un amor que tenga por consecuencia el que sirvamos en su reino. No trata de motivarnos a hacer cosas buenas a base de prometernos su amor y su aceptación. En lugar de esto, nos rodea con su amor y su aceptación, en la esperanza de que, por gratitud, nos sintamos impulsados a hacer cada vez más por Él y por los demás. El gozo que procede de una

conciencia creciente de que somos suyos, y de que tenemos un valor infinito, y de que aun nuestras buenas obras más sencillas son importantes, nos motiva a entregarnos más a aquello que le va a agradar a Él.

Tal como Jesús nos ha tratado a nosotros, así debemos tratar nosotros a nuestros hijos. Debemos aceptarlos, aun cuando ellos hagan cosas que nosotros consideremos inaceptables. Cuando fallen, los debemos llamar al arrepentimiento, pero al mismo tiempo les debemos comunicar que, cuando sean perdonados, sus fallos serán olvidados, y no les serán echados en cara de nuevo. Debemos exaltar sus logros y manifestar nuestro orgullo por ellos, aun en las cosas más pequeñas que hagan por nosotros.

Las reacciones de los hijos ante unos padres poco sabios

1. Amor y odio. Los padres que no aprenden de Jesús a relacionarse en gracia con sus hijos, pueden crear unos sentimientos ambivalentes. Por una parte, sus hijos los amarán porque está en la naturaleza misma de la mayoría de los hijos el amar a sus padres. En cambio, ese amor puede hallarse mezclado con un intenso odio y resentimiento por unos padres que hacen que la vida parezca imposible.

También es posible que los hijos odien a sus padres a causa de los sentimientos de insuficiencia que ellos han causado que tengan. Esto se hace evidente de manera particular cuando los padres les dicen constantemente a sus hijos que podrían hacer mejor las cosas. Esto deja a los hijos confundidos con respecto a sus propias emociones, y con sentimientos ambivalentes hacia sus padres. Con esto basta para convertir en neuróticos a algunos niños.

2. Desesperación. Otra reacción ante los padres que se niegan a darles su entusiasta aprobación a sus hijos, cualesquiera que sean sus logros, es que los hijos se den sencillamente por vencidos en su esfuerzo por agradarles. Las entrevistas con jovencitos, en especial adolescentes, revelan que es frecuente que se desesperen en cuanto a llegar a escuchar alguna vez elogios por parte de sus padres. Recuerdo que un jovencito me decía con tristeza: Haga lo que haga, nunca es suficiente para complacer a mi mamá y a mi papá. Yo hago las cosas lo mejor que puedo, pero ¿basta eso para ellos? ¡De ninguna manera! Así que, ¿sabe una cosa? Ya no me importa."

3. *Delincuencia.* Algunas veces, el resentimiento con respecto a unos padres excesivamente exigentes tiene por consecuencia lo que muchos expertos en ciencias sociales llaman una *formación de reacción.* Esto significa que el hijo va a hacer exactamente lo contrario de lo que desean sus padres. Gran parte de la conducta delictiva es una manifestación del resentimiento que sienten los hijos como consecuencia de su relación de amor y odio con sus padres. Usan los actos de delincuencia para vengarse por el hecho de que sus padres no los han elogiado bastante. Lo irónico de este estado de cosas es que con mucha frecuencia los padres manifiestan más amor y aceptación hacia sus hijos cuando son delincuentes, que cuando esos mismos hijos estaban tratando de hacer lo que es bueno y correcto.

Un caso típico de hijos así podría revelar a una hija que trata de verse bonita, tener buenas notas en la escuela y llevar una conducta correcta, pues tiene la esperanza de conseguir la adoración de su padre. Cuando él no valora lo que ella hace, entonces ella decide castigarlo. La forma mejor de hacerlo es volverse exactamente lo contrario de lo que él quiere que ella sea. Al entrar en los años de la adolescencia, deja de estudiar, se vuelve promiscua en su vida sexual y hace todos los esfuerzos posibles por desplegar su actuación incorrecta frente a su padre. Cuando él trata de decirle lo mucho que lo está hiriendo, ella se dice en su subconsciente: "¡Fantástico!"

El padre trata de alcanzarla con todo tipo de expresiones de afirmación y de amor, en la esperanza de poder influir en ella para el bien. Si le hubiera ofrecido aquellos regalos emotivos antes, es posible que ella nunca habría actuado como lo hizo.

El apóstol Pablo les escribió a los padres: "No exasperéis a vuestros hijos, para que no se desalienten" (Colosenses 3:21).

Las relaciones que tienen los hijos con sus padres influyen muchísimo en la forma en que esos hijos podrán pensar con respecto a Dios. Muchos expertos en ciencias sociales afirman que cuanto los hijos creen, piensan y sienten con respecto a su Padre celestial, manifestará una fuerte influencia de lo que piensan con respecto a su padre terrenal. Si los padres parecen incapaces de aceptar y de aprobar, por grandes que sean los logros de los hijos, éstos llegarán a considerar a su Padre celestial también como incapaz de aceptar y de aprobar.

Con frecuencia, oigo a los pastores decir lo mucho que luchan con personas que parecen incapaces de creer que Dios las ama y acepta, o que ve un valor infinito en ellas. Estas personas han sido condicionadas, a través de experiencias de su niñez temprana con sus propios padres, a ver a su Padre celestial como alguien carente de misericordia. Su pastor experimenta la frustración de ser incapaz de guiarlas al conocimiento del valor que tienen para Dios, aun después de mostrarles un versículo tras otro en las Escrituras acerca del amor y la aceptación de Dios.

Cuando veo lo mucho que pueden condicionar a las personas las experiencias de su niñez temprana para que su imagen de Dios sea mayormente negativa, me doy cuenta de la naturaleza milagrosa que tiene la conversión. Sólo el Espíritu Santo puede deshacer el daño emocional procedente de las experiencias de la niñez temprana. Sólo un milagro puede cambiar una actitud negativa hacia Dios producida por las malas relaciones que los hijos han tenido con sus padres.

El milagro del nuevo nacimiento

Durante varios años fui profesor de una respetada universidad. Uno de mis estudiantes de los cursos superiores dijo sin darse cuenta de una verdad que él mismo no comprendía: "Doctor, no hay manera alguna de deshacer el daño hecho por un condicionamiento social defectuoso en las etapas tempranas de la niñez. Nunca se llega a superar el daño creado por los padres. La única esperanza sería que la persona pudiera volver atrás para comenzar de nuevo; si hubiera alguna forma de que esa persona pudiera volver a nacer."

Yo le respondí: "Ésa es precisamente la buena noticia. Todos podemos volver a nacer." El Espíritu Santo, obrando en nuestra vida, nos puede capacitar para superar lo que ha sido, y convertirnos en lo que de otra manera habría sido imposible. De manera milagrosa, es posible destruir las estructuras fundamentales de las actitudes para construir otras nuevas. Se pueden borrar las imágenes negativas profundamente enraizadas sobre la naturaleza de Dios, para poner otras nuevas en su lugar. Las Escrituras nos enseñan: "Si alguno está en Cristo, nueva criatura es; las cosas viejas pasaron; he aquí todas son hechas nuevas" (2 Corintios 5:17).

No puedo explicar las formas en que ocurre este milagro. No puedo describir la obra del Espíritu Santo. Sin embargo, sí le puedo decir que he visto suceder lo imposible. He visto estructuras de personalidad alteradas, para surgir nuevas orientaciones y actitudes hacia Dios.

No puedo explicar el proceso, pero sí puedo señalar el cambio que se produce cuando una persona le pide al Cristo resucitado, del que los cristianos afirmamos que se halla siempre presente, que tome posesión de ella, que invada su personalidad, que entre en su psique. Algunos de mis compañeros en las ciencias sociales me reprenden por mis convicciones en estas cuestiones, llamándolas expresiones de misticismo. Quizá sea cierto que soy un tanto místico, pero a las personas con mentalidad científica les puedo decir que los resultados de rendirse a Cristo son verificables de manera empírica.

Los hijos quieren agradar a sus padres

Es fácil explotar la tendencia de los hijos a trabajar con intensidad para complacer a sus padres. Me tengo que preguntar cuántos hijos han sido bautizados o confirmados para ser miembros de su iglesia, debido a un profundo anhelo de agradar a sus padres. Sé que cuando era pastor, había muchos jovencitos que venían a pedirme el bautismo principalmente por esta razón. Estoy convencido de que muchos se han hecho misioneros o pastores por razones equivocadas. En su niñez temprana aprendieron que si ellos se dedicaban a estas vocaciones religiosas, sus padres se sentirían muy orgullosos.

Durante una época en que conduje un programa en una estación de televisión de Filadelfia, mi hijo, entonces de quince años, fue uno de los personajes que invitaba al programa. Un día le pregunté si se había sentido presionado alguna vez por mí en cuanto a la vocación que debía escoger en la vida. Él me contestó: "De manera directa, no. Cada vez que menciono algo como una carrera posible, tú me dices: 'Muy bien, eso está estupendo.' Sin embargo, cada vez que te digo que estoy pensando en hacerme ministro, te animas y te pones todo emocionado."

Espero y ruego que si mi hijo decide alguna vez entrar en el ministerio, su motivación no sea el deseo de ganar mi aprobación.

Puesto que los hijos tienen ansias de complacerlos, los padres deben tener mucho cuidado con este tipo de manipulación. Si los hijos hacen cosas correctas por razones incorrectas, pueden llegar a sufrir de confusión y resentimiento cuando crezcan. Al convertirse en adultos jóvenes, desarrollan la capacidad de reflexionar sobre los motivos que los impulsaron a sus decisiones de juventud, y algunas veces dan marcha atrás en esas decisiones de manera deliberada. Por ejemplo, si se dan cuenta de que la razón fundamental por la que decidieron recibir el bautismo o unirse a la iglesia fue una manipulación de sus padres, se pueden volver resentidos y rechazar por completo el cristianismo.

Es posible que estos hijos ya adultos no rechacen solamente el Dios al que aceptaron por manipulación de sus padres, sino también a los mismos manipuladores. Se pueden sentir airados con respecto a sus padres, y alejarse de ellos, al darse cuenta de que su anhelo por complacerlos ha sido explotado de una manera injusta.

Por otra parte, debemos admitir que hay mayor número de personas cuyo deseo de complacer a sus padres las ha conducido a pensar seriamente en Cristo y aceptarlo como Salvador, sin que hayan ocurrido efectos negativos. Cuando los hijos sienten que Jesús es importante para sus padres, es posible que se abran genuinamente al evangelio de una manera valiosa y llena de sentido.

Los padres necesitan comunicarles a sus hijos que los aceptan y aman, tanto si ellos han aceptado a Cristo como Salvador personal, como si no lo han hecho. El aceptar a Cristo no debe ser una condición para conseguir la aprobación de sus padres.

Las comparaciones pueden ser abusivas

Uno de los peores abusos que cometen los padres es el de tratar de obtener de sus hijos grandes logros a base de compararlos con sus hermanos y hermanas, o con otros niños de fuera de la familia. La madre que dice: "¿Por qué no puedes ser como tu hermana?", pudiera ser responsable de que un hermano y una hermana se enfrenten de una forma tal que nunca puedan volver a disfrutar mutuamente de su compañía. Es posible que estos hijos nunca se sientan triunfadores, a menos que obtengan logros mayores que sus hermanos y hermanas. Es muy triste ver a los padres estimulando la rivalidad entre sus propios hijos de tal manera que se pierda la solidaridad, mengüe el amor, e incluso llegue a entrar en juego el odio.

Los padres deben comprometerse a hacer que cada uno de sus hijos sienta que es apreciado de una manera especial. En lugar de explotar las comparaciones, deben reafirmar las características únicas de cada uno de sus hijos. Ser un padre verdaderamente cristiano es ser sensible a esos rasgos que hacen especial a cada uno de sus hijos, y mostrar apreciación por esa exclusividad.

4

PROBLEMAS DE ESCUELA

Cuando los niños comienzan en la escuela, se producen en su vida unas transiciones importantes. Una de las más trascendentes es la de que comienzan a considerar que el reconocimiento que les conceden sus maestros es tan importante como el concedido por sus padres. Puesto que anteriormente tener éxito significaba contar con la aprobación de los padres, ahora los niños comienzan en la escuela a tratar con igual importancia la aprobación de sus maestros. Para muchos niños, los maestros se convierten en gloriosas criaturas que todo lo pueden y todo lo saben. Las reacciones positivas por parte de estos maestros reafirman a los niños de una manera casi milagrosa. De igual manera, algunos niños que se sienten rechazados o despreciados por sus maestros, desarrollan una pobre imagen de ellos mismos que puede tener por consecuencia complejos de inferioridad que los van a torturar por el resto de su vida.

Mi esposa me ha hablado muchas veces de la influencia que tuvo sobre ella su maestro de séptimo grado. Era buen mozo, inteligente, bondadoso, y casi parecía un ser divino. Complacerlo se convirtió en la motivación primaria de su vida. Hacía sus tareas con gran dedicación y se emocionaba cada vez que él le devolvía un trabajo con una buena nota. El elogio de aquel maestro a sus trabajos le daba a ella una sensación de éxito en la vida que era imposible poner en duda.

Yo recuerdo a mi maestra de quinto grado. Me quería, y le encantaban mis logros. Esto me impulsaba a desear hacer cada vez más y mejor trabajo para ella. Habría deseado que aquella maravillosa señora hubiera sido de mi edad, y que hubiéramos crecido juntos para casarnos. Nada me habría parecido mejor que pasarme el resto de la vida con esta persona tan importante para mí. No dudaba ni por un instante que el éxito consistía en hacer cosas que a ella le parecieran valiosas, y hacerlas de una forma que ella las aprobara.

¿Por qué era tan especial? Era la primera maestra que me había hecho sentir que creía realmente en mí, y de esta forma me había ayudado a creer yo también en mí mismo. Era la primera que me veía como un éxito en el trabajo académico. Me pregunto si hoy sería profesor universitario si la señorita Barr no me hubiera mostrado el éxito que podía sentir por medio de mis logros académicos.

Los maestros como personas importantes en la vida

Cualquier padre sabe lo importantes que son los maestros para los niños. Con frecuencia, lo que dicen los maestros es más importante que lo que dicen los padres. Los maestros se pueden convertir en la fuente decisiva de la verdad. Recuerdo los tiempos en que las discusiones con mi hija terminaban con su altiva declaración de que yo estaba equivocado, porque lo que decía era distinto a lo que había dicho su maestro. Cuando hacía preceder sus afirmaciones con las palabras "mi maestro me dijo", yo sabía que no tenía sentido tratar de discutir sobre ellas. El maestro me había reemplazado en el puesto de persona más importante de su vida.

Uno de los acontecimientos más divertidos en la educación de mi hija fue el momento en que ella descubrió que uno de sus maestros había sido estudiante mío en la universidad. Le fue difícil aceptar la idea de que su padre pudiera ser el maestro de su maestro, y yo sé que mejoré en su estimación, porque su maestro respetaba mis opiniones.

Falta de reconocimiento

Este papel del maestro como persona más importante para el niño en crecimiento tiene un gran potencial, tanto para el bien como para el mal. Hemos citado las formas en que los niños pueden alcanzar mayores éxitos como estudiantes, si tienen maestros que creen en ellos y elogian sus logros. Sin embargo, hay casos en los que los maestros les han fallado a sus estudiantes al no mostrarles aprecio ni elogiarlos cuando ellos hacen esfuerzos por ganarse ese tipo de respuestas. Después de entregar un trabajo de ciencias al que había dedicado muchas horas, mi hija me dijo desalentada: "¿Sabes una cosa? En realidad el que haya hecho todo ese trabajo no cambia las cosas para nada. Al maestro no le pareció que lo que yo hice tuviera nada de especial."

Como sociólogo, estoy convencido de que los sentimientos de fracaso en la escuela son una de las causas principales de la delincuencia juvenil. Los jovencitos se apartan de las aulas y de los maestros que los hacen sentir fracasados, y buscan algún otro grupo que les dé unos sentimientos más positivos. El jovencito que está dispuesto a hacer algo atrevidamente antisocial puede obtener el elogio instantáneo de la pandilla que merodea por la esquina. Si decir malas palabras, ser rudo y actuar desafiante son los rasgos que la pandilla elogia, los jovencitos hambrientos de aprobación los adquirirán con rapidez.

La imagen de sí que tiene un niño

Es necesario que los padres se preocupen mucho por los efectos que están produciendo los maestros en sus hijos. No pueden dar por supuesto que sus experiencias escolares vayan bien sólo porque estén sacando buenas notas y parezcan estar dominando sus estudios académicos. La escuela va mucho más allá de la lectura, la escritura y la aritmética. Quizá la cosa más importante de cuantas puede recibir un niño durante los años pasados en la escuela es una imagen positiva de sí mismo que lo haga sentirse convencido de su propio valor como persona.

A los padres no se les debe impedir que interfieran en ninguna relación entre maestro y alumno que parezca estar provocando efectos negativos en su hijo. Los niños son demasiado valiosos para que se distorsione la imagen que tienen de ellos mismos. Si se puede hacer poco por alterar los efectos negativos que un maestro está provocando en un niño, entonces los padres deben pensar en hacer que lo pasen a otra aula, donde los efectos de la interacción entre maestro y alumno sean más positivos. Si llegara a ser necesario, habría que pasar al niño a otra escuela diferente. Esto podrá costar un dinero que a veces no hay, pero pongo en tela de juicio la escala de valores de una familia que esté dispuesta a gastar el dinero en cosas como un automóvil nuevo, y no esté dispuesta a invertir en el desarrollo de sus hijos.

Con demasiada frecuencia, los padres piensan que lo mejor es no interferir en las situaciones escolares, aun cuando se sientan alarmados por lo que le está sucediendo a su hijo. Han oído sugerir a otros padres que es bueno que el niño luche a lo largo de una situación negativa con su maestro, aunque ésta lo deje deprimido con respecto a sí mismo y hostil con respecto a la escuela. Nada podría estar más lejos de la verdad.

Padres e hijos tienen el derecho de esperar de la escuela que les proporcione maestros que sean afirmativos con sus alumnos, los capaciten para creer en ellos mismos y les hagan sentir que obtienen logros positivos. Cuando se les niega este derecho, los padres deben ver al director o al consejero de la escuela con el fin de cambiar la situación. Si permiten que su hijo trate de resolver por sí mismo un problema así, podría ser demasiado para manejarlo él, y la influencia del maestro demasiado grande para que el niño pueda superarla.

Por lo general, los otros miembros de la clase del niño lo llegan a ver a través de los ojos del maestro. La mayoría de los alumnos respetan tanto la opinión de éste, que cuando él define a un niño como fracasado en algún sentido, los otros alumnos de la clase refuerzan ese juicio, y le crean al niño un ambiente social tan negativo, que le resulta imposible soportarlo.

¿Cómo les enseñan a sus hijos?

Al analizar la forma en que las experiencias escolares influyen sobre los niños para que se sientan triunfadores o fracasados, no sólo le debemos prestar atención al papel de los maestros, sino también a los mismos procesos por medio de los cuales se produce la educación.

Marshall McLuhan escribió: "El medio es el mensaje." La forma en que se les enseña a los niños comunica unos mensajes de una importancia mucho mayor que aquello que se les enseña. Voy a poner un ejemplo de lo que digo.

Cuando tenía diez años, solía ir caminando a la escuela con mi buen amigo Alberto, que era el chico más inteligente de la clase. Cierto día, Alberto y yo caminamos juntos hasta la escuela, entramos en nuestra aula y nos sentamos, como de costumbre. La maestra comenzó la clase con una buena noticia. "Hoy vamos a hacer un juego."

Yo estaba fascinado. Detestaba la escuela y me encantaban los juegos. La idea de jugar en vez de estudiar me hizo feliz.

Entonces dijo: "Chicos y chicas, vamos a jugar pelota." Aquello era casi demasiado. Me encantaba la pelota. Después añadió: "Vamos a jugar a la pelota con la ortografía."

El segundo anuncio me desilusionó. Yo detestaba la ortografía. Como hijo de una familia de inmigrantes italianos en los Estados Unidos, encontraba la ortografía inglesa imposible, y no era porque fuera tonto.

La maestra escogió capitanes para los dos equipos. Como es natural, escogió a Alberto. La capitana del otro equipo era una niña llamada María. Yo no podía soportar a María; era una de esas niñas perfectas que todo lo hacían bien. Se vestía, hablaba, caminaba y hasta sonreía correctamente. Siempre nos la estaban poniendo en un pedestal, como un resplandeciente ejemplo de lo que debíamos ser. No sé cuántas veces habían sido humillados los alumnos de mi clase con las palabras "¿Por qué no puedes ser bueno como María?"

Les permitió a los capitanes que escogieran los miembros de su equipo. Yo me quedé sentado tranquilamente, porque Alberto era amigo mío y yo suponía que me escogería primero. Estaba equivocado; Alberto no me escogió primero. Ni me escogió segundo. Ni me escogió tercero. Comencé a agitar una mano delante de su rostro en el frenético estilo tan característico de los alumnos de primaria cuando quieren que los escojan. Con todo, Alberto no me escogió. Fue como si mirara a través de mí, y seguía escogiendo a otros niños.

Yo me sentía estremecido, pero estaba aprendiendo. Lo que estaba aprendiendo era que en este juego, la amistad no contaba. La única cosa que contaba era lo bien que un niño podía deletrear. Fue allí y entonces donde aprendí que, dentro de este sistema de competencia, el éxito es más importante que la amistad. La aceptación y el rechazo dependen del éxito, y sólo de él.

La maestra no lo comprendió cuando tres semanas más tarde me atrapó haciendo trampa en una prueba de ortografía. Me dijo: "Tony, ¿no sabes que no se puede aprender ortografía a base de copiar las respuestas del examen de otro?" ¡Qué maestra tan ignorante! ¿No se daba cuenta de que la ortografía no me interesaba para nada? Todo lo que me interesaba era la evidencia del éxito que me ganaría la aceptación de mis iguales.

La selección de miembros de los equipos continuaba, y a mí me seguían dejando atrás. Alberto me había abandonado. Por último, sólo quedábamos dos sin escoger: otro chico que al año siguiente pasó a una escuela especial, y yo. Aun entonces, Alberto no me quiso escoger, pero me asignaron a su equipo.

Permanecí pegado a la pared del aula, mirando fijamente al equipo opuesto, y esperando nervioso que me llegara mi turno, temiéndolo a medida que se acercaba. Fallé en la primera palabra que se me pidió que deletreara. Fue doloroso escuchar las palabras de la maestra: "Quedas fuera. Toma asiento."

No hay nadie en el mundo que se pueda sentir más solitario que el primero al que sacan en el juego de pelota con ortografía. Mientras me arrastraba hacia mi asiento, todos los miembros de mi equipo me abucheaban, y para hacer más completa mi humillación, los miembros del equipo contrario gritaban de entusiasmo por mi derrota. Mientras trataba de desaparecer bajo mi pupitre, al hundirme en él tanto como pude, mi única esperanza era que fallaran otros también; entonces yo no sería el único que habrían sacado del juego. La gente que fracasa siempre se siente así. El fracaso es un poco menos torturador si lo comparten otros con uno.

La maestra se volvió hacia el otro equipo para preguntar: "¿Hay alguien aquí que sepa deletrear esa palabra?"

María sabía. Aún puedo verla y oírla mientras la deletreaba. Con cada letra que decía, ella movía los hombros, y cada letra que oía yo era como otro cuchillo que se me clavaba en el estómago. Sentía que me iba a morir.

Mi fracaso significa su éxito

Estaba aprendiendo una lección que no tenía nada que ver con la ortografía. La lección era la siguiente: el éxito de María estaba edificado sobre mi fracaso; mi fallo fue la condición previa para su triunfo. Ésta es la lección que prepara a la persona a vivir en nuestra clase de mundo. Los negociantes que se la han aprendido bien son capaces de deleitarse en el fracaso de sus competidores, sabiendo que ese fracaso constituye su propia oportunidad de lograr el éxito. Hay incluso personas que anhelan que fracasen sus amigos más íntimos.

Éste es un caso en el que un valor social es abiertamente contrario a los valores inherentes a las Escrituras. El apóstol Pablo nos advierte contra este tipo de sentimientos cuando nos dice en 1 Corintios 13 que el cristiano que ama no se regocija en los fracasos de los demás, sino en sus éxitos.

No es más que una excusa el encogernos de hombros para decir: "Así es el sistema. Hay que aprender a vivir en él." *No tenemos* que hacerlo.

Dios quiere que luchemos contra "los principados y poderes" que rebajan nuestra condición humana. Yo creo que esto significa que cuando una práctica social disminuye el valor que tiene una persona ante sí misma, el pueblo de Dios debe rechazar dicha práctica.

Estoy convencido de que la mayoría de los niños que detestan la escuela se sienten así porque el sistema educativo los hace sentir como fracasados. A la mayoría de los niños les encanta descubrir y explorar lo nuevo, y se sienten emocionados cuando se extiende su percepción del mundo. Aprender cosas nuevas los hace sentir maravillosamente adultos.

Con mucha frecuencia, los padres me dicen: "Yo sé que mi hijo es inteligente. Tiene buena cabeza, pero no le gusta trabajar. Sencillamente, no quiere hacer sus tareas. Yo sé que le podría ir bien en la escuela, si quisiera hacer un esfuerzo. Dígame, doctor Campolo, ¿por qué no quiere estudiar?"

Échele una buena mirada al sistema. Es posible que su hijo se niegue a estudiar porque no quiere formar parte de un sistema que se niega a afirmarlo a él como persona, o a darle sentimientos positivos con respecto a su propio valor. Su única forma de rebelarse contra el sistema es no cooperar con él. Para muchos niños, la escuela es un lugar insoportable.

Sueños de grandeza

Algunos niños resuelven su sensación de fracaso actual a base de convencerse de que algún día serán famosos y realizarán cosas tan grandes que serán ampliamente admirados, en especial por aquéllos que se burlan de ellos en el presente. Lo lamentable es que sus sueños suelen resultar demasiado grandiosos para tener la posibilidad de llegar a ser reales. La mayoría de estos niños siempre se sentirán fracasados.

La Biblia nos enseña que "los jóvenes verán visiones" y "los ancianos soñarán sueños" (Hechos 2:17). Cuando no sucede esto, nos dice la Escritura que el pueblo perece (ver Proverbios 29:18). Los cristianos deben poner en tela de juicio un sistema educativo que llena tanto a los niños con la sensación de fracaso que ellos se tienen que escapar a un mundo irreal lleno de fantasías.

Una de las conversaciones más tristes que he sostenido jamás fue con un estudiante afroamericano de catorce años de edad que había crecido en los barrios bajos y no había tenido una educación válida. Apenas podía leer a un nivel de tercer grado. Su maestro lo consideraba un caso desesperado y sus compañeros de clase lo consideraban un tonto. Sin embargo, cuando le hablé, él me dijo que cuando creciera iba a ser "el cirujano de cerebro mejor y más famoso del mundo".

No creo que sea racista decir que este jovencito tenía unos sueños poco realistas. Yo entendía por qué los tenía. Era como si me estuviera diciendo a mí, y también a sí mismo: "¡Algún día van a ver quién soy yo! Se reirán ahora de mí, pero algún día seré tan famoso, que se sentirán orgullosos de haberme conocido."

Por mucho que este joven logre en la vida, me parece que se va a sentir fracasado. Va a experimentar la frustración que le llega a la persona que no tiene los medios para convertir en realidad sus metas. Cuando su dolor se transforme en ira, ¿quién sabe cómo va a tratar de vengarse de un mundo que le ha causado tanta angustia?

¿Escuelas cristianas?

Cuando pensamos en lo que les hace a los niños el proceso educativo que es la norma en el sistema de escuelas públicas, tenemos la tendencia a preguntar si no sería mejor hacer que nuestros niños se educaran en escuelas cristianas. En los Estados Unidos han brotado durante la década pasada centenares de instituciones de este tipo que nos ofrecen una opción al sistema educativo secular, en el que se tratan de comunicar los valores dominantes en la cultura, más que los valores inherentes al evangelio cristiano.

Estas escuelas parecían muy prometedoras en cuanto a librar a los niños de la destructiva competencia tan característica de las escuelas públicas. Muchos dimos por supuesto que las escuelas públicas se apartarían de esas técnicas de enseñanza que han creado imágenes de sí mismo negativas y sensaciones de fracaso personal en tantos niños. Pensábamos que la escuela cristiana les permitiría a los niños recibir su educación en un contexto que reafirmara su valor individual. Creíamos que no se lanzaría a los niños unos contra otros de maneras que crearan un aislamiento emocional. Suponíamos que se desecharía la expectativa de que todos los niños de una cierta edad sean capaces de realizar las mismas cosas. Sin embargo, en su gran mayoría, nuestras esperanzas no se han hecho realidad.

En las mejores escuelas cristianas se hace un intento por integrar las enseñanzas del cristianismo en el plan de estudios. Por lo general se enseña la biología de manera que los niños vean que Dios estuvo relacionado con la aparición de la vida. El arte y la música enseñan las gigantescas contribuciones del pueblo de Dios. Los cursos de historia toman en consideración el suceso más grande en los anales de los tiempos históricos: la vida de Cristo. Hay programas especiales de cultos en las escuelas cristianas que presentan los relatos de los Evangelios y la teología de la Iglesia. No obstante, aunque el contenido del proceso educativo sea cristiano, la forma en la que se les dan las clases a los niños suele ser la misma que en el sistema escolar público.

Una escuela cristiana ideal

Lo que anhelo ver es el establecimiento de más escuelas cristianas donde se encuentren entre las metas no sólo la comunicación del mensaje de Cristo, el conocimiento acumulado en la sociedad y el desarrollo de los talentos individuales de los estudiantes, sino también *un proceso educativo que les comunique a los niños la sensación de que tienen valor como personas, una conciencia de sus propios logros y una sensación de éxito*. Estas escuelas debieran apartarse de las expectativas estandarizadas para todos los niños, reconociendo como lo hace Jesús, que cada niño tiene dones, rasgos y capacidades exclusivos, y se va a desarrollar a un ritmo diferente al de sus compañeros.

En una escuela así, se evaluaría a cada niño en función de lo bien que vaya realizando su propia potencialidad, y no en función de cómo se compara a los demás que tienen su misma edad. El éxito ya no dependería de comparaciones por competencia, sino más bien del grado en el que el niño vaya descubriendo y desarrollando los dones que Dios le ha dado.

Una escuela al estilo del kibutz

En el Estado de Israel se ha desarrollado algo que se aproxima bastante a lo que estoy proponiendo. El pueblo judío ha creado un modelo educativo que merece alguna consideración por parte de aquéllos de nosotros que estamos tratando de poner en marcha los principios cristianos dentro del proceso educativo. Por supuesto, me estoy refiriendo al kibutz israelí (una granja comunal). Al analizar este sistema, debo hacer una observación: no estoy abogando a favor de él, sino sólo pidiendo que estudiemos algunos de sus principios educativos.

En un kibutz que estudié, todo en lo que se insistía era en levantar un alto nivel de solidaridad entre los miembros y trabajar por la adaptación emocional de cada niño. El medio educativo estaba diseñado para alcanzar estas metas. Por la mañana, cuando llegaban los niños a la escuela, se esperaba de ellos que se pusieran el uniforme. Lo interesante de estos uniformes era que los botones estaban colocados en la espalda de la ropa, lo que dejaba a los niños en la extraña situación de no ser capaces de abotonarse solos. Cada niño tenía que depender de que otro estudiante lo ayudara a vestirse y a prepararse para las experiencias del día. Éste era solamente uno de los sutiles medios a través de los cuales se les enseñaba a los niños a depender unos de otros, cooperando y ayudándose, en lugar de verse unos a otros como competidores.

Otra de las formas en las que este kibutz animaba a la ayuda mutua y la interdependencia era el juego. A todos los niños les gusta construir cosas con bloques de madera. Sin embargo, en este kibutz, los bloques eran tan pesados, que un niño solo no podía levantar ninguno de ellos. Para poder construir algo, el niño tenía que cooperar con uno o dos más. Al trabajar juntos, podían lograr lo que ninguno de ellos habría podido lograr solo.

Me interesó en especial el proceso educativo en los grados superiores. Allí los estudiantes sólo progresaban al paso al que pudiera aprender el más lento de todos ellos. Cuando se hacía una prueba y la suspendía uno de los estudiantes, la clase repasaba el material hasta que aquel estudiante podía pasar bien su examen. Era interesante ver cómo los demás niños de la clase ayudaban en su labor a aquel estudiante. Tenían interés en los logros de su compañero más lento. No podían aprender material nuevo mientras su amigo no dominara el material que ya se había enseñado. De manera que le daban ánimos y lo felicitaban por todos sus logros, y cuando él llegaba por fin a comprender el material, le hacían sentir que había hecho algo maravilloso por todos ellos, y ciertamente así era.

Esta preocupación por el estudiante más lento marca un fuerte contraste con el desprecio que suelen mostrar los estudiantes que aprenden rápido dentro de nuestro sistema de aprendizaje, tan altamente competitivo. Si yo, lento para la ortografía, hubiera estado rodeado por el entusiasmo y el apoyo de mis compañeros, en lugar de la humillación que me hicieron pasar María y los demás cuando jugábamos a la pelota con la ortografía, es posible que todo el concepto que tengo hoy sobre mí mismo fuera muy distinto.

Con esto no estoy sugiriendo que el estilo de educación de un kibutz esté libre de problemas. Bruno Bettelheim, uno de los grandes psicólogos de los Estados Unidos, hizo unos cuidadosos estudios sobre la vida en el kibutz. Halló que, aunque hacía mucho por disminuir los impulsos neuróticos hacia los logros y por ayudar a los niños a aceptarse mejor a sí mismos como personas, el sistema dejaba mucho que desear. Por ejemplo, señalaba que con frecuencia, a los jóvenes del kibutz les faltaba la capacidad necesaria para tomar decisiones individuales; les faltaba autonomía, y a menudo no sabían funcionar cuando tenían que actuar solos. Además de esto, Bettelheim descubrió que a los jovencitos del kibutz les faltaban metas a largo plazo en la vida. Estaban tan desprovistos del interés por lograr algo, que raras veces veían el éxito como una meta por cuya obtención valía la pena hacer sacrificios en el presente.

La competencia forma parte del mundo real en el que los niños deben funcionar algún día. Las metas a largo plazo son necesarias. Sin duda alguna, el kibutz no prepararía de manera adecuada a las personas para funcionar en otras sociedades. Sin embargo, se debe hacer un esfuerzo por librar a los niños del tipo de competencia destructiva que resulta deshumanizante.

Si Dios nos ha dado hijos para que los eduquemos en su conocimiento y admonición, nosotros debemos comprometernos a desarrollar todos los dones que hay dentro de cada uno de ellos. Los niños necesitan ver que en las luchas competitivas que forman parte de su vida escolar y de sus juegos, la meta más importante debe ser la de superar sus propios logros del pasado, en lugar de demostrar que son superiores a sus compañeros. Podemos ayudar a los niños a amarse

5

CRECER EN NUESTRA SOCIEDAD

Cuando se entra en la adolescencia, el jovencito siente una necesidad cada vez mayor de ser popular. De hecho, lo más probable es que la popularidad se convierta en su meta principal. Con el fin de alcanzarla, el adolescente desarrolla lo que el sociólogo David Reisman llama una *personalidad dirigida por los demás*. Desarrolla un sexto sentido que lo capacita para captar en cualquier grupo lo que se espera de él. Una vez que tiene ese conocimiento sobre el grupo, puede conformarse a lo que, según él cree, le obtendrá la aprobación del grupo.

Es fascinante observar la forma en que un adolescente entra en un grupo nuevo. Al principio sólo observa, tratando de no revelar ninguno de sus pensamientos o sentimientos. Trata de comunicar unos aires de desapego. Puesto que tiene el cuidado de no reaccionar con entusiasmo ni desprecio ante lo que estén haciendo los otros miembros del grupo, su rostro puede parecer casi desprovisto de emoción. Se está dando tiempo para entender cómo esperan los miembros del grupo que él sea. Una vez familiarizado con el grupo, comenzará de manera gradual a comportarse de formas que, según él cree, le ganarán aprobación y aceptación.

Lleva largo tiempo desarrollar este sexto sentido. Algunos jóvenes nunca llegan a adquirirlo, y por consiguiente, es posible que los califiquen de "extraños". De hecho no tienen fin los nombres que los jóvenes inventan para calificar a los que no calculan bien lo que el grupo espera de ellos, de manera que dicen y hacen cosas no aceptables, y con la gente que no deben. Cuando una persona joven en particular es culpable de este "pecado imperdonable", no le queda mucho que hacer para enderezar las cosas. Los adolescentes no son buenos para perdonar; una vez que han definido a alguien como un perdedor, lo mejor que pudiera hacer es darse por vencido, o tratar de triunfar con otro grupo y en otro lugar.

Adolescentes dirigidos por otros

Los consejeros adultos que trabajan con grupos de jóvenes en las iglesias necesitan recordar que la conducta de los adolescentes tiende a estar dirigida por otras personas. Cuando una persona joven llega a la reunión y se sienta allí, al parecer desconectada, sin emoción, o incluso resentida, es posible que el líder de jóvenes se pregunte: "¿Por qué viene, si no va a sacar nada provechoso?" Viene porque quiere que la acepten los miembros del grupo, y ganar popularidad ante sus ojos. Se sienta allí con ese aspecto desconectado y desentendido porque aún no ha descubierto qué es lo que le va a conseguir la aprobación que anhela.

En cierta ocasión en que era líder de un grupo de jóvenes en una iglesia, me sentía muy frustrado porque mi grupo no quería cantar los coros con los que tanto yo había disfrutado cuando tenía su edad. También me sentía perplejo, porque cuando los llevaba a una convención de jóvenes donde había miles de jóvenes más, cantaban hasta quedarse sin pulmones. Me preguntaba: "¿Por qué yo no puedo hacer que canten así?"

La respuesta es que cantaban con entusiasmo en la convención de jóvenes porque sentían que eso era lo que se esperaba de ellos; no cantaban en las reuniones de su grupo, porque tenían miedo de quedar en ridículo delante de sus compañeros.

La aceptación del grupo

Los adultos olvidan con demasiada facilidad lo desastroso que es para una persona joven el arruinar sus posibilidades de ser aceptada por un grupo. Si esto se produce en una reunión de iglesia, hay una fuerte posibilidad de que ese joven nunca vuelva a la iglesia. Cuando esto sucede en la escuela secundaria, es posible que el estudiante no sólo se retire de las actividades escolares, sino que también anhele trasladarse a otra ciudad donde pueda comenzar de nuevo otra vez y tenga otra oportunidad de obtener la aceptación del grupo más popular de la escuela.

En algunas ocasiones, he visto que el rechazo de este grupo en la escuela ha tenido por consecuencia una fuerte consagración a la iglesia. Un joven que no logra ser aceptado por la pandilla en la escuela, podría consagrarse intensamente al grupo de jóvenes de la iglesia, si encuentra en él una comunidad de aceptación que lo hace sentirse valioso. Muchos jóvenes han llegado a Cristo por esa sola razón.

No quiero poner en tela de juicio el compromiso con la iglesia que se haga a partir de esa base, pero sí querría recordar que el estar comprometido con las actividades del grupo de jóvenes de la iglesia no tiene por qué significar de manera necesaria que la persona se haya entregado a Cristo. Las dos cosas van juntas a veces, pero no siempre.

La Iglesia siempre ha atraído a los perdedores de la sociedad, porque dentro de su comunión se pueden sentir triunfadores. La Iglesia apostólica creció porque muchas personas que eran parias en la sociedad encontraron aceptación y afirmación dentro de la comunidad de los creyentes.

Con todo, para ser genuino, el cristianismo debe ir más profundo que la afirmación de grupo. Debe comprender la relación de la persona con el Cristo resucitado. Puesto que con frecuencia esta relación se comunica por medio de un grupo donde hay amor, es posible que una persona ame la fraternidad de la Iglesia sin amar a Jesús.

El camaleón

A la personalidad dirigida por otros le es fácil ser superficial. Su conducta no está determinada tanto por convicciones internas, como por lo que esperan los demás. En cada grupo, se da cuenta de lo que se espera de él, y se conforma adecuadamente. Es posible que estos grupos tengan valores y expectativas que sean muy diferentes entre sí; pero la persona totalmente dirigida por los demás logra triunfar en todos ellos. Todo lo que hace es alterar su personalidad al moverse de un grupo a otro, de manera que con un grupo de compañeros es un tipo de persona, mientras que con otro grupo se vuelve diferente por completo.

Durante varios años fui profesor encargado de disciplina, y vivía en el dormitorio de varones de una pequeña universidad cristiana donde llegué a conocer muy bien a mis estudiantes. Había un joven en particular que parecía carecer de toda semblanza de consagración cristiana. No tenía tiempo para la iglesia ni para los grupos de estudio bíblico dentro del recinto universitario, y se burlaba de los que tomaban aquellas cosas en serio. Con frecuencia se iba a beber con sus amigos en el bar de la localidad, y llevaba una vida sexual promiscua.

Una noche, después de hablar en una iglesia, se me acercó una dama de edad mediana y me preguntó si conocía a su hijo que estudiaba en mi universidad. Por supuesto que lo conocía; era el mismo joven que acabo de describir. Entonces, aquella dama me dijo: "¿Verdad que es encantador? ¡Es un cristiano tan consagrado! Cuando está en casa durante el verano, es uno de los líderes de jóvenes aquí en la iglesia. Dirige el estudio bíblico en el culto de mediados de semana cuando el pastor está de vacaciones. Todos en la iglesia lo admiran y piensan que es una gran suerte tener un hijo tan maravilloso."

De inmediato comencé a preguntarme si su hijo y el joven que yo conocía en la universidad eran la misma persona. La respuesta fue afirmativa. Era una personalidad dirigida por los demás. Cuando estaba en su hogar y con la gente de la iglesia, tenía una conducta piadosa, y cuando estaba lejos, en la universidad, buscaba la aprobación de un grupo que tenía valores diferentes.

No era más que eso: una personalidad dirigida por los demás. Era un joven carente de toda identidad personal. Al final de cada día, había desempeñado tantos papeles distintos en tantos grupos diferentes, que con toda legitimidad podía mirarse en el espejo y preguntarse: "Por favor, el verdadero yo, ¿quiere dar un paso al frente?"

Cuando volví a la universidad, me encontré con este joven en el pasillo de nuestro edificio de clases y le dije: "Adivina dónde estuve anoche. En la Iglesia Bautista de Lakeview."

Él me dijo: "¡Ésa es mi iglesia!" Yo le contesté: "Lo sé, Carlos, y ambos sabemos lo falso que eres. En casa, con la gente de aquella iglesia, eres una persona distinta por completo, ¿no es así?" Inclinó el rostro, y la vergüenza pareció inundarlo.

Al semestre siguiente, Carlos vino derecho a mí y me dijo: "Doctor Campolo, ¿recuerda la conversación que tuvimos el año pasado en el pasillo? Pues usted tenía razón; yo estaba actuando con falsedad. Ahora es distinto. Quiero que sepa que este verano no asistí a la iglesia ni una sola vez."

No era eso exactamente lo que yo había tenido en mente, pero diría que aquel joven estaba entonces más cerca del reino de Dios que nunca antes. Al menos sabía que el cristianismo no es un estilo de conducta que uno asume cuando está entre cristianos; que es más que decir las palabras correctas y hacer las cosas correctas en el escenario correcto. Se había tenido que enfrentar con lo que no es el cristianismo, y esto lo podría preparar para una confrontación con lo que el cristianismo sí es: una rendición personal a Jesús, quien nos guía desde dentro, dondequiera que estemos.

Tengo la alegría de decir que pude guiar a este joven al conocimiento de Jesucristo como Señor y Salvador, y que ahora está viviendo una vida que yo considero perseverante en Cristo. Muchas veces le he dado gracias a Dios por la oportunidad que tuve de enfrentarlo a las incongruencias de su vida.

La necesidad de individualidad

Los jóvenes están conscientes de sus tendencias a conformarse a las expectativas de los demás. Muchos de ellos, en lo profundo de su interior, condenan esa conformidad y ansían ser personas con la integridad necesaria para plantarse ante el grupo que sea y afirmar su identidad propia, sin que les importe lo que piensen los demás. Con todo, no saben ser individualistas. Aun en sus intentos por no conformarse, parecen estar imitando a los demás. Con frecuencia, los miembros de la cultura joven rebelde tienen un aspecto parecido, se visten igual y hablan igual. Aun en su rebelión, se están conformando a lo que piensan que les obtendrá aceptación con sus amigos de la contracultura.

Los jóvenes necesitan ver que la falta de conformación con la sociedad tiene su expresión más positiva en el hacerse cristiano y dejarse guiar desde dentro por el Espíritu Santo. El apóstol Pablo escribió: "Así que, hermanos, os ruego por las misericordias de Dios, que presentéis vuestros cuerpos en sacrificio vivo, santo, agradable a Dios, que es vuestro culto racional. No os conforméis a este siglo, sino transformaos por medio de la renovación de vuestro entendimiento, para que comprobéis cuál sea la buena voluntad de Dios, agradable y perfecta" (Romanos 12:1-2).

Los jóvenes necesitan comprender que, si invitan a Jesús a entrar en su vida, la influencia que Él ejercerá desde dentro sobre su conducta será mayor que la ejercida sobre ellos por las expectativas de los demás. En Cristo se halla la fuente de la verdadera personalidad individual.

6

ÉXITO ADOLESCENTE CON EL SEXO OPUESTO

Para los jóvenes, el éxito está ligado a la obtención de la aprobación por parte de sus iguales. De todos los miembros de sus grupos de compañeros, los del sexo opuesto se les presentan como los más importantes. La mayoría de los varones quieren que las chicas los aprueben, y las chicas quieren obtener el reconocimiento de los varones.

La popularidad con el sexo opuesto puede hacer que los jóvenes sientan que han logrado lo que es más importante en la vida. Además, sus iguales los ven como triunfadores. Esto significa que el varón que tiene éxito con las chicas es admirado por sus compañeros varones, y la chica que tiene éxito entre los varones gana la admiración de sus amigas.

El chico que pueda atraer a las chicas más populares habrá alcanzado el símbolo de la categoría máxima dentro de la subcultura juvenil. La chica que tiene tantos chicos tras ella que los tiene que espantar, es la envidia de la mayoría de las demás chicas. Esta chica descubre que hasta sus padres se enorgullecen de su popularidad entre los chicos. La importancia que tiene el juego del galanteo entre los jóvenes es demasiado grande para que la mayoría de los que ya hemos pasado esa edad la recordemos con precisión.

El varón adolescente

Tal como ve las cosas un varón adolescente, el éxito tiene varias características.

1. Humor. El varón adolescente está convencido de que para tener éxito con las chicas, debe tener una buena personalidad. En la subcultura adolescente, esto significa "ser divertido". Por eso trata con todas sus fuerzas de ser simpático y de divertir a todos con sus chistes. Lamentablemente, hacen falta años para llegar a ser ingenioso y desarrollar un humor refinado. Esto significa que el adolescente promedio suele terminar haciendo el papel de tonto. Algunas veces dice chistes malos que hieren a los demás. Ser divertido es algo tan importante, que hasta es posible que trate de conseguir una risa fácil a base de ridiculizar a alguien que parece ser un poco extraño dentro de su grupo. Si todo lo demás fracasa, puede usar un chiste de mal tono para hacer reír a otros. Sabe que la mayoría de sus amigos tienen miedo de no reírse de un chiste sucio, por temor de que los consideren inmaduros. Y, ¿qué podría ser peor para un adolescente que ver que sus compañeros lo consideran un inmaduro?

No estoy tratando de excusar la conducta de nadie. Más bien, quiero que usted comprenda a ese chico que está tratando con todas sus fuerzas de ser divertido y le tenga lástima. Los líderes de jóvenes deben estar preparados para el adolescente que lucha y que interrumpe continuamente las reuniones con observaciones necias.

Cuando yo tenía dieciséis años, consideraba tan importante el ser divertido, que pocas veces me detenía a pensar en la forma en que mi "humor" afectaba a los demás. Una de las cosas "divertidas" que hacíamos mis amigos y yo ocurría cuando llevábamos a casa a nuestro amigo Billy Turner después de los juegos. Era ya la medianoche cuando llegábamos a su casa. En el instante en que él salía del automóvil, tocábamos la bocina y gritábamos con todas nuestras fuerzas: "Oiga, Sra. Turner, aquí llega su hijo borracho." Entonces, el que conducía pisaba el acelerador, giraba las ruedas, y salíamos disparados en medio del chirrido de los neumáticos. Para entonces, los vecinos de Billy Turner ya estaban despiertos, y sus padres se sentían furiosos. A todos nos parecía que aquello era muy divertido.

El personaje que hace bromas y se ríe a expensas de otra persona, está presente en todas partes en el mundo de los adolescentes. Es posible que le quite la silla a alguien en el momento de sentarse, o que les afloje las tapas a los saleros; tiene un sinfín de trucos. Ser divertido es su manera de llegar a la popularidad.

2. Las posesiones. Otra ruta que toman los varones adolescentes en busca de posición —y también las chicas— es la compra de los bienes de consumo correctos. Vivimos en una sociedad de consumo, donde las personas adquieren posición social a base de poseer las cosas correctas. Un chico piensa que si usa la ropa debida, tiene un automóvil del tipo correcto, escucha el tipo de música que está de moda, y la pone en el tipo correcto de equipo estereofónico, la gente pensará que él se siente realmente seguro.

Es cierto que poseer las cosas correctas es algo que da categoría dentro de la subcultura juvenil, y los jóvenes lo saben. Los padres se encuentran acosados constantemente por sus hijos, que parecen tener una lista interminable de cosas que cuestan demasiado dinero. Aunque les exasperen todas esas exigencias materialistas, deben comprender que sus hijos quieren estas cosas con el fin de obtener la aceptación que su posesión les puede producir.

3. Los deportes. Otra forma en que los varones alcanzan la popularidad dentro de la subcultura juvenil son los deportes. Recuerdo que yo estaba dispuesto a hacer lo que fuera durante mi adolescencia, con tal de entrar en el equipo de baloncesto de la escuela. Sabía que pertenecer al equipo me daría categoría de una manera instantánea, tanto con los chicos como con las chicas. Por horas y horas, practicaba los tiros y los saltos, imaginándome siempre que era yo quien anotaba el tanto ganador a favor de mi escuela, en el encuentro con su rival. La escena era siempre la misma: me veía capturando la pelota y saltando para tirarla desde cerca de siete metros de distancia, mientras que la multitud rugía de entusiasmo y sonaba el final del partido al mismo tiempo que la bola se deslizaba por la red de la canasta. Me imaginaba que una voz transmitía en el fondo, diciendo: "Campolo se roba la bola, rebota hasta el extremo del campo, salta en el aire y tira la bola, ¡Y LA BOLA ENTRA!"

En mis fantasías, esto siempre iba seguido por el rugido de la multitud. Sin embargo, lo más importante de todo era que las chicas, entre ellas aquella chica tan especial, se sentían impresionadas.

Los deportes pueden ser valiosos, pero no cuando se convierten en el medio primordial en una lucha por la popularidad. Nos engañamos, al pensar que sólo son un ejercicio sano para el cuerpo y una buena actitud deportiva lo que se desarrolla en el atletismo de la secundaria. Gran parte de lo que sucede en nombre del deporte, es un intento por parte de los varones de obtener reconocimiento, en especial de las chicas. La popularidad no tiene nada de malo, pero sí hay algo que no funciona cuando todas las actividades de un joven están orientadas hacia el logro de esa única meta.

4. *Los alardes*. Tener las cosas que hacen falta, pertenecer al equipo, hacer los mejores trucos, son cosas que significan muy poco, a menos que las sepan las personas "correctas". Por consiguiente, todo chico tiene que dominar la técnica de hacer que los demás lo conozcan, sin parecer ostentoso. Cuando era joven, me gustaban en particular las ocasiones en que estaba lejos de casa en las vacaciones de verano. Si estaba en un campamento, a ciento cincuenta kilómetros de casa, sentía que tenía una oportunidad de adquirir categoría social, sencillamente "hablando en grande". Exageraba mis limitados logros deportivos hasta convertirme en una superestrella. Hablaba de las cosas que tenía, los lugares donde había estado y las cosas que había hecho. Además, lo hacía con un estilo que me parecía capaz de convencerlos de que yo era alguien increíblemente maravilloso. Recuerdo haber tenido temor de que alguien llegara a conocer la verdad acerca de mí. Nunca quería que ninguno de ellos me visitara al terminar el campamento, no fuera a ser que llegaran a saber la realidad de que sólo era un chico corriente. Algunas veces me estremecía ante el pensamiento de que me descubrieran.

La tendencia a exagerar sus triunfos con el fin de construir una imagen más grande que la realidad es característica de la mayoría de los varones, pero nunca es más evidente que en esos trascendentales años de adolescencia, cuando la adquisición de popularidad entre los iguales, y en especial entre las chicas, tiene una enorme importancia. Es frecuente que los jóvenes se sientan culpables de estos engaños y tengan miedo de que los descubran. Al exagerar, el joven está sugiriendo en realidad que no es digno de gustarle a nadie tal como es, y debe aparentar que es algo diferente con el fin de ser popular. Esta conducta es prueba de que no se acepta a sí mismo. Suspira por ser más de lo que es.

La chica adolescente

La necesidad de tener éxito en cuanto a atraer a los chicos es muy urgente en las chicas. Muchas sienten que no son nada si no son capaces de atraer al tipo de chicos que desean con ansias atraer. Sin embargo, las chicas se enfrentan con problemas especiales, debido a las exigencias de la sociedad.

1. Verse bien para sentirse bien. **Para la chica que trata de tener éxito en este juego, el atributo más importante es "verse bien". No sirve de nada que le digamos a una adolescente que "la apariencia no lo es todo". Ella se da cuenta de que los chicos no les prestan demasiada atención a las que no son atractivas en su físico. Sabe que las chicas poco atractivas sólo consiguen apodos de los chicos. Una consecuencia de vivir en una sociedad sexista es que una chica podrá tener personalidad, profundidad de carácter, humor, inteligencia y rasgos positivos sin cuento, pero si no tiene una cara atractiva y un cuerpo bien formado, no tiene muchas posibilidades.**

La chica que no está a la altura del aspecto general prescrito por la sociedad, descubre con frecuencia que ni siquiera su familia le proporciona una imagen positiva de sí misma. Los padres tienden a ver a sus hijos como creen que los ven los otros adolescentes. Yo he visto madres alardear acerca de sus hijas a base de señalar el hecho de que tienen entre los chicos varones más amigos de los que pueden atender. Hay madres que creen que sus hijas son hermosas si conocen a muchos muchachos, y he conocido madres que definen a sus hijas como poco atractivas, porque los chicos las ignoran.

Un verano, mientras estaba dando clases en la Universidad de Pensilvania, una mujer muy atractiva entró en el aula y se sentó en la fila delantera. Cualquiera la habría descrito como fascinante. De hecho, era tan atractiva, que su sola presencia se convirtió en una distracción para mi pequeña clase. Los estudiantes y yo solíamos almorzar juntos, de manera que llegamos a conocernos bastante bien. En el transcurso de nuestras numerosas conversaciones, se hizo evidente que aquella mujer tenía un concepto muy bajo de sí misma. No creía valer nada, y parecía no tener idea alguna de lo hermosa que era.

Nosotros no podíamos entender de dónde procedía aquel concepto tan pobre de sí misma, hasta que un día nos enseñó algunas fotografías de la secundaria. De pronto comprendimos. En secundaria había estado pasada de peso, se había vestido y peinado fuera de moda y había tenido un aspecto bastante corriente. Es probable que hubiera desarrollado una imagen muy negativa de sí misma. Cerca de los veinte años, su cuerpo había tomado la forma que esta cultura considera atractiva. Había aprendido a vestirse a la moda, y el rostro le había madurado con belleza, pero era demasiado tarde. Estaba atascada en una imagen de sí anterior, que no cambiaría a pesar de los cambios que se habían efectuado en ella.

Unos cuantos años más tarde, estando en Nueva York, entré en una tienda junto a Times Square en busca de un teléfono. Allí, sentada, con una actitud que la identificaba obviamente como prostituta, se hallaba mi antigua estudiante. El corazón me dio un vuelco y me di vuelta para no avergonzarla al darse cuenta de que la había reconocido. Sólo es un ejemplo de lo que les puede suceder a las chicas a las que les va mal con los chicos en la secundaria. El sistema hizo sentirse carente de valor a mi estudiante, y ella se estaba comportando de formas que reflejaban la pobre imagen que tenía de sí misma.

2. *El trauma de los bailes escolares.* Pude ver con claridad la brutalidad emocional que deben soportar las chicas en este juego cuando estaba aún en la secundaria. Durante el último año, me eligieron presidente del consejo de estudiantes. Era un verdadero honor, y todos me felicitaban. El pastor de mi iglesia me dijo que aquello era una oportunidad para dar un "verdadero testimonio de

ellos mismos porque sienten que tienen un valor infinito, y no porque puedan hacer las cosas mejor que otros niños. Sólo aquéllos que se amen a sí mismos de una manera correcta amarán de verdad a Cristo y a los demás. El desarrollo de esta capacidad en los niños es esencial para el futuro de su sociedad y de toda la humanidad.

Cristo". (Nunca he comprendido por qué la Iglesia piensa que las personas que tienen éxito en la sociedad tienen los testimonios más dignos de ser escuchados. El Señor obra de maneras igualmente emocionantes entre aquéllos a los que el mundo rechaza.)

Para mi sorpresa, descubrí que una de mis responsabilidades como presidente del consejo de estudiantes era organizar un baile mensual para el cuerpo estudiantil. Mi problema era que pertenecía a una iglesia que enseñaba que era incorrecto bailar. Mi pastor decía: "Eso estimula los apetitos de la carne." Sin duda alguna, lo que él decía era cierto, como lo puede atestiguar todo el que observe un baile.

De todas maneras, resolví el dilema de cumplir con mis responsabilidades como presidente del consejo de estudiantes, al mismo tiempo que permanecía fiel a las expectativas de mi iglesia, a base de decidir que organizaría el baile, estaría presente cuando se celebrara, y no bailaría. Esto me proporcionaría con respecto al baile un distanciamiento que me permitiría observar lo que estaba pasando.

El comité organizador y yo llegamos al gimnasio de la escuela cerca de las seis y media de la tarde. Abrimos las ventanas para ventilar el lugar, porque el equipo de baloncesto acababa de terminar su práctica. Después sacamos el papel crepé, que era el que siempre usábamos para adornar en esas ocasiones, y lo colgamos a lo largo de la habitación.

A las siete apareció Roger. Me sorprendí al verlo, porque no era la clase de chico que según yo pensaba, pudiera tener mucho éxito con las chicas en un ambiente así. Era un poco extraño y no había desarrollado aquellos rasgos dirigidos por los demás que lo habrían capacitado para caer bien entre sus compañeros. Era alto y desgarbado. Traía discos debajo del brazo derecho, de manera que supe enseguida lo que iba a hacer. Durante todo el baile, sería él quien estaría sentado en el escenario cambiando los discos y manteniendo activa la música para que los otros pudieran bailar.

Tocar los discos era la manera que tenía Roger de participar en el baile sin sentirse herido, y sin embargo, estaba sufriendo. Yo sabía que sufría. Cuando la maestra que estaba vigilando me dijo que le parecía que todos la estaban pasando bien, yo estaba seguro de que ella no se había fijado bien en el pobre Roger.

Pusimos sillas plegables a lo largo de las cuatro paredes del gimnasio. Aquella noche había cincuenta chicas sentadas en ellas con un aburrido aspecto de indiferencia. Observé cómo se daban aires de mundanalidad y fingían que estaban por encima de lo que estaba sucediendo en la pista de baile. Sin embargo, su fachada de indiferencia sólo era un intento por cubrir las ansiedades y los temores que tenían, mientras permanecían allí sentadas, preguntándose si las invitarían a bailar o no. Esperaban con todas sus fuerzas no terminar rechazadas por completo. Sufrían en callada desesperación, pero sabían que no podían atreverse a manifestarlo.

Después de terminado el baile, yo estaba en la calle frente a la escuela, cuando María, mi compañera de laboratorio, salió corriendo del edificio. Era una chica muy especial, sin duda la persona más divertida que yo conocía. Además de esto, tenía una bondad y una dulzura tales, que para todos era un gozo conocerla. Cuando pasó corriendo junto a mí, le grité de la manera más amistosa que pude: "¡Hola!"

No me respondió, lo que era muy extraño en ella. Saltó a un automóvil que la estaba esperando, y antes de que su padre sacara el vehículo de donde lo tenía estacionado, vi que mi amiga perdía la compostura y se echaba a llorar. Me sentí furioso con toda esta escena, y allí mismo decidí que nunca tomaría parte en ningún otro baile escolar.

Mi oposición a los bailes no brotó de la creencia que se relaciona con los apetitos de la carne. Más bien brotó del dolor por el que vi pasar a tantos.

3. Continuamente rechazados. Sólo he estado describiendo la angustia por la que pasaron los que llegaron al baile. No me puedo imaginar cómo fueron las cosas para la gran cantidad de estudiantes que se quedaron en casa aquella noche, porque sabían lo que les iba a suceder si iban. No querían someterse a esa clase de posible rechazo. Qué duro debe haber sido para ellos el momento en que su mamá les preguntó: "¿Por qué no vas al baile esta noche y te diviertes?"

¿Qué se puede responder? "¿Soy un paria?" "¿Soy un perdedor?" "¿Soy un don nadie?"

Quizá un padre bien intencionado acabe de echar a perder las cosas al decir con todo amor: "Ya entiendo... Salgamos todos juntos esta noche."

No es de extrañarse que el adolescente responda enojado con frecuencia: "¿Por qué no me dejan en paz?"

Por supuesto, hay muchos jóvenes que salen juntos y se divierten. Sin embargo, aun para ellos tengo una advertencia. El juego de las relaciones entre chicos y chicas en general, y el baile en particular, son engañosos. Es un juego que lleva a la gente a pensar que los rasgos que les dan el éxito en estas actividades son los que importan realmente en la vida. Lo cierto es que esos rasgos no importan demasiado en el mundo adulto.

Hay pocas cosas más tristes que ver a una mujer de edad mediana tratando de parecer una adolescente y comportarse como tal. Puesto que le parece que los rasgos que le dieron el éxito en aquellos días pasados están desapareciendo, trata de aferrarse a ellos con desesperación. No se viste como las mujeres de su edad, ni actúa como ellas, porque se siente muy amenazada al haber perdido aquellos atributos que la hicieron popular en su adolescencia. La mayoría de los rasgos que facilitan el éxito en las relaciones entre jovencitos no ayudan demasiado en la vida real.

Las tentaciones de una joven cristiana

La jovencita cristiana se enfrenta a una gran cantidad de tentaciones en sus relaciones con los varones. De hecho, es probable que las circunstancias que rodean a este proceso signifiquen la mayor amenaza al mantenimiento de su consagración cristiana. No sólo me estoy refiriendo a la noción de que algunos jóvenes sientan que tienen que hacer concesiones en sus normas sexuales con el fin de conseguir popularidad con el sexo opuesto. Es posible que esto no sea tan cierto como lo piensan muchas personas.

1. Las relaciones con los no cristianos. Lo más probable es que la tentación mayor consista en sentirse atraídas por aquéllos que no son cristianos, y desarrollar relaciones profundas con ellos. Algunas veces, las jóvenes sienten que no valen gran cosa, a menos que tengan un novio. Esta forma de pensar las lleva a estar dispuestas a conformarse con menos de lo que debieran en aspectos de importancia duradera. Sé que puede parecer producto de una mente estrecha el sugerir que los cristianos sólo deben desarrollar relaciones serias con cristianos. Sin embargo, no hay nada que tenga una potencialidad mayor en cuanto a la destrucción de la fidelidad cristiana de una jovencita que tener relaciones románticas con alguien que no tiene su fe.

El apóstol Pablo dice: "No os unáis en yugo desigual con los incrédulos" (2 Corintios 6:14). Aunque la jovencita alegue que no tiene intenciones de casarse con el chico con el que sale, su afirmación de que "no van en serio" es un tanto ingenua. Muchas mujeres me han dicho que comenzaron a salir con su esposo "sólo por divertirse", sin tener intención alguna de casarse con él, porque no era cristiano. Sin embargo, terminaron juntos y el matrimonio no ha sido realmente feliz.

2. *Aparentar que es poco inteligente.* Hay otra razón más por la que las relaciones románticas tienden a amenazar el cristianismo de la joven. Es frecuente que la joven, con el propósito de resultar atractiva, tenga que fingir que es menos inteligente de lo que es en realidad. Nuestro mundo está repleto de varones que se consideran superiores. Los varones inseguros se sienten amenazados por las mujeres que son muy brillantes. Por consiguiente, las mujeres tienden con frecuencia a manifestarse menos inteligentes de lo que son, con el propósito de gustarles a los hombres. Hay pocas cosas que me enojen más que ver cómo una mujer inteligente disimula su inteligencia por miedo a perder en la competencia por conseguir a un hombre.

En el aula universitaria, encuentro que las mujeres tienden a sacar mejores notas que los hombres en los exámenes escritos. Sin embargo, a pesar de que es evidente que dominan la materia, es raro que estas mujeres participen en las discusiones en clase. Se quedan allí sentadas con todo recato, mientras unos varones que saben la mitad de lo que saben ellas se apoderan del debate en el aula. Me molesta tener que escuchar tonterías de algunos de mis estudiantes varones, a sabiendas de que hay mujeres que tienen mucho más que contribuir, pero no van a hablar.

Es tradicional que las adolescentes se nieguen a seguir las profesiones más prestigiosas, por miedo a que sus logros las conviertan en perdedoras en la búsqueda de compañero para el matrimonio. Algunas deciden ser enfermeras, cuando debieran ser doctoras. Otras aspiran a secretarias, cuando debieran ser gerentes.

Cuando las mujeres se convierten en menos de lo que pudieran ser, le están fallando al Señor. Cuando Dios nos creó, nos dio unas posibilidades definidas. Si no nos convertimos en todo lo que Él quiso al crearnos, estaremos pecando. Es interesante observar que en el Nuevo Testamento griego, la palabra que traducimos como "pecado" es *hamartía*, que significa "no dar en el blanco". El Nuevo Testamento sugiere que pecar es "no convertirnos en todo lo que podemos ser". Esto significa que cuando una mujer no llega a realizar su potencialidad más alta, porque tiene miedo de amenazar al débil ego de un varón inseguro, ha puesto en peligro su fe.

Alguien alegará que estoy exagerando el caso: afirmará que la búsqueda de compañero no causa ni con mucho la cantidad de sufrimiento que estoy sugiriendo. Si usted se halla entre los que se mantienen escépticos ante mis afirmaciones, déjeme recordarle que hace sólo un par de años, "At Seventeen" ["A los diecisiete"], la canción más popular de la radio, hablaba de los sufrimientos de una chica adolescente. La letra de esta canción describe con elocuencia este sufrimiento.

Esta canción se hizo tan popular porque hubo millones de jovencitas que se identificaron con su mensaje. Compraron más de dos millones de discos, porque la canción articulaba una serie de pensamientos tristes que eran demasiado profundos para que ellas los expresaran.

La Iglesia y las relaciones entre adolescentes

La Iglesia no ha sabido comprender las desesperadas necesidades de unos jóvenes que están aceptando como buenas las metas del éxito que impone nuestra sociedad. Tampoco le ha prestado demasiada atención a lo que está en juego aquí. Los cristianos se han sentido satisfechos, si han logrado mantener sexualmente "puros" a los jóvenes de las iglesias durante los años más difíciles de la adolescencia. Los jóvenes han oído sermones y charlas sobre la necesidad de la pureza sexual, pero pocas veces escuchan algo que los ayude a resolver los problemas más complejos que se relacionan con ella. La Iglesia podría hacer mucho para ayudar a los adolescentes en estas cuestiones, y me agradaría hacer unas cuantas sugerencias.

Una iglesia no debe apoyar actividad alguna que exija un compañero del sexo opuesto para poder participar en ella. Me intriga el hecho de que ciertas iglesias tengan banquetes para sus jóvenes en la misma noche en que la escuela secundaria realiza una actividad similar. Sus adolescentes se visten bien y se reúnen en el salón de actividades de la iglesia, alrededor de las mesas de la cena, para disfrutar de una noche de diversión. Aunque les encuentro cierto valor a este tipo de actividades, me pregunto si en el banquete de la iglesia no habrá algunos jóvenes que se sentirán tan echados a un lado como lo habrían estado en el baile de la escuela. Éstos son los jóvenes que se quedan en casa mientras sus compañeros salen a divertirse. Es de esperar que el mundo funcione de tal forma que algunas personas se sientan rechazadas, pero una iglesia nunca debiera hacer esto.

Siempre me han gustado las actividades en las que los jóvenes buscan patrocinadores que les paguen una cierta cantidad de dinero por cada kilómetro que caminen por alguna causa buena. Lo que más me gusta de estas caminatas en grupo es que el fundamento para participar no es el atractivo sexual, sino más bien una preocupación altruista por otras personas.

Con frecuencia, los jóvenes disfrutan de largas conversaciones entre sí durante estas actividades. Muchas veces, el que no parece muy especial al principio se vuelve más atractivo durante la conversación y la caminata. ¿No es fascinante la forma en que se transforma el aspecto que tienen las personas para nosotros cuando las conocemos con más profundidad? Algunos amigos que ahora me parecen los más agradables, me parecieron personas sin atractivo cuando los conocí.

También hay algunos que me parecieron personas maravillosas a primera vista, y resultaron ser menos que atractivos al conocerlos mejor.

Los paseos en bicicleta, las cenas de beneficencia y muchas otras actividades pueden incluir a todos. Hay unos jóvenes de California que han creado una organización a la que llaman "Youth Specialties" ["Especialidades de Juventud"]. Producen libros en los que les dan a las iglesias centenares de ideas para reunir a los jóvenes. Es bueno saber que dentro de la Iglesia hay personas que están trabajando en esta línea.

Por encima de todo lo demás, es necesario que los cristianos les comuniquen a los jóvenes la buena noticia con respecto a Cristo. Necesitan llegar a ver que Él los acepta tal como son. No tienen que ser miembros de ningún equipo, hacer nada grandioso, ni tener buena apariencia. Él los ama de una manera infinita y los aprecia con toda intensidad por lo que ellos mismos son. Los jóvenes necesitan con desesperación el mensaje de que la aceptación por parte de Jesucristo no es algo que se tengan que ganar.

7
Síntomas del hombre en su mediana edad

El hombre logra el éxito sobre todo a través de su profesión. Su posición social, ingresos y capacidad para ejercer poder sobre los demás están todos muy relacionados con su ocupación. Incluso parece seguro afirmar que la profesión es por lo general el medio a través del cual el varón logra su identidad.

Cuando un hombre conoce a un extraño, la primera pregunta que le hace suele ser: "¿En qué trabaja?" La gente lo evalúa y define su importancia social cuando sabe a qué se dedica. Puesto que el concepto que tiene alguien de sí mismo se basa sobre todo en lo que cree que piensan de él las personas importantes en su vida, tal definición de la importancia social reviste gran importancia.

Al estar tan unida a su profesión la identidad social del varón, es importante que recordemos que puede haber una diferencia entre lo que es una persona, y lo que hace. Lo que una persona es suele ser mucho más profundo y significativo que lo que hace, de manera que saber a qué se dedica sólo nos puede dar una pista sobre su verdadera identidad.

Los cristianos debieran saber que no se puede evaluar de manera total la importancia de una persona en función de su trabajo. Se supone que seamos personas que no vivimos según nuestra naturaleza de pecado, sino según el Espíritu (Romanos 8:4). Esto significa que no usamos los mismos criterios que usa la sociedad para valorar a los demás. Lamentablemente, los cristianos no siempre viven de acuerdo con las advertencias de las Escrituras. En un número inmenso de iglesias, la tendencia es evaluar a la gente de una manera muy similar a la forma en que la evalúa el mundo secular.

Imagínese un domingo por la mañana en una iglesia típica. Llega un matrimonio nuevo y encuentra asientos en uno de los bancos. En una iglesia pequeña, la mayoría de las personas de la congregación se preguntarán quiénes son, y el pastor les prestará una atención especial al sentarse con pose reverente en la silla de la plataforma. Tan pronto como termine el culto, algunos de los miembros de la iglesia se asegurarán de que el nuevo matrimonio se sienta bienvenido. Algunos de los miembros los rodearán enseguida y les preguntarán: "¿Cómo se llaman?" La segunda pregunta, probablemente dirigida al hombre, será: "¿En qué trabaja?"

Si les dice que es el nuevo profesor de la escuela secundaria, ya se puede imaginar la reacción. Alguien le hará señas al superintendente de la Escuela Dominical y le susurrará al oído: "Es el nuevo profesor de la escuela secundaria." Lo más probable es que el superintendente le dirija una corta oración al Señor: "Gracias, Jesús. Esa clase ya ha hecho desaparecer a cuatro maestros, y he aquí que tú has provisto otro más. "Es probable que la regocijada conversación termine con estas palabras de alguien: "Si no han encontrado una iglesia, por supuesto que tenemos la esperanza de que hagan suya ésta. Ciertamente, podríamos usarlos."

El trabajo del hombre ha sido el fundamento de la evaluación, y se le ha aprobado porque se le puede usar en el trabajo de esa iglesia. Nadie sabe si ama a Cristo, si está entregado al servicio cristiano o si conoce las Escrituras.

El problema de nuestra época es que amamos las cosas y usamos a la gente, en lugar de usar las cosas y amar a la gente. Debemos considerar a las personas en función de la forma en que podemos amarlas, y no en función de la forma en que pudiéramos usarlas.

Prestigio versus persona

Es interesante observar que Jesús no escogió a sus discípulos entre los que tenían posiciones prestigiosas dentro de la sociedad. En cambio, escogió un par de pescadores, un recaudador de impuestos (en aquellos tiempos eran malas personas) y dos alborotadores a los que llamaban los "hijos del trueno". Algunas de las mujeres que seguían a Jesús eran personas corrientes, y una tenía tan mala fama que la gente murmuraba contra el Señor porque se había asociado con ella.

Cristo miraba dentro de las personas y trataba de discernir sus apetitos, sueños y valores, y en fin de cuentas, su fe. En la época en que vivimos, no tenemos tiempo para hacer un análisis profundo de las personas. Conocemos a la gente de manera informal y queremos una forma rápida y sencilla de juzgarla. Así, con demasiada frecuencia la evaluamos por aquello en lo que trabaja.

Los sociólogos han estudiado nuestro sistema para estratificar a la gente y han recopilado una lista de actividades según el prestigio que les asignamos. Comenzando desde la parte superior de la lista, les damos prioridad a las siguientes ocupaciones, en este orden: profesionales y técnicos; agricultores y gerentes de granjas; gerentes y administradores, excepto los de granjas; oficinistas; vendedores; trabajadores de servicio, excepto el servicio doméstico privado; trabajadores de granja y otros trabajadores.

Con frecuencia, los que tienen un trabajo que se encuentra cerca de la parte superior de la lista se sienten muy impresionados con su propio éxito y quieren impresionar a los demás con el papel que desempeñan en la sociedad. Para asegurarse de que los desconocidos descubran con rapidez lo que ellos hacen, hay algunas personas en esas profesiones que tratan de manipular la conversación de tal forma que puedan hablar de su propia importancia.

En cierta ocasión estaba en una fiesta con un amigo que es médico. Puesto que yo era el único que él conocía en aquella reunión, se mantuvo cerca de mí. Era interesante observarlo y escucharlo cuando entraba en conversación con diversas personas durante el tiempo que duró la fiesta. Por alguna razón desconocida, nadie le estaba preguntando cómo se ganaba la vida, y eso lo molestaba. Vi que se iba poniendo cada vez más ansioso, al mismo tiempo que trataba de meter en la conversación insinuaciones acerca de su profesión, con la esperanza de que, cuando las personas se dieran cuenta de que era médico, lo respetaran. Se volvió algo tan deliberado, que hacia el final de la fiesta me parecía que estaba a punto de subirse a una silla y gritar: "¡Mírenme! ¡Soy médico! ¿No les impresiona?"

Aunque nadie está negando lo importante que es la profesión, los cristianos sabemos que mucha gente que tiene una profesión prestigiosa es falsa y superficial. Por otra parte, muchas personas cuya profesión no alcanza una categoría alta en la sociedad manifiestan poseer unas cualidades espirituales que las hace personas que vale la pena conocer.

Cuando mi hijo estaba en tercer grado, llegó un día a casa y nos explicó que su tarea de aquel día consistía en preparar una charla sobre el tema "Lo que quiero ser cuando sea adulto".

Yo le dije: "Dile a tu maestra que cuando crezcas, quieres ser un ser humano plenamente realizado, como Jesús. Dile también que lo que ella quería saber en realidad era qué quieres hacer para ganarte la vida." Él se lo dijo, y no le fue muy bien.

Es importante hacer que los niños se den cuenta de que, en el sistema de valores cristiano, tener éxito es mucho más importante que tener una profesión de prestigio. Los cristianos deben darse cuenta de que es posible que la persona tenga una profunda sensación de éxito aun cuando el mundo no se sienta impresionado con ella. También es cierto lo contrario: es posible que una persona asombre a la sociedad con sus logros, y por dentro se sienta fracasada.

Prestigio para la familia

Los hombres casados saben que su profesión no determina solamente la posición de ellos en la sociedad, sino que también les proporciona categoría social a su esposa y a sus hijos. Saben que sus hijos obtendrán prestigio entre sus amigos si pueden alardear acerca de lo que hace su padre. Tan relacionada está la situación social de los hijos con el éxito de su padre, que es frecuente que discutan entre sí sobre qué padre tiene el trabajo más importante.

Las mujeres también están conscientes del hecho de que su categoría social está atada a la profesión de su esposo. Cuando se casan, muchas le prestan una cuidadosa atención a la profesión de su posible esposo, porque saben que su lugar en la sociedad estará determinado por la posición social del esposo.

Todos conocemos mujeres que han llevado a su esposo al éxito, porque ese éxito se iba a reflejar en ellas. Lady Macbeth, el personaje de Shakespeare, no fue la única mujer de la historia culpable de intereses personales al expresar sus ambiciones para su esposo.

Uno de los clamores de las feministas actuales es que las mujeres deben tener libertad para determinar su lugar en la sociedad a través de sus propios logros. Si las feministas tienen éxito, es posible que algunos hombres se sientan aliviados de las presiones procedentes de una esposa ambiciosa por lograr un éxito sustitutivo.

La crisis de la mediana edad

Una sociedad en la que los logros profesionales son el indicador más importante del éxito es un ambiente ideal para un estado que se conoce como "crisis de la mediana edad". Por lo general, aqueja al hombre algo después de los cuarenta años de edad. La rápida sucesión de ascensos de los años pasados se ha vuelto lenta, y él siente que no va a llegar a ninguna parte. Cuando observa a los más jóvenes en su profesión, que parecen estarle ganando ventaja, sabe que ya no se le considera un directivo prometedor. Se ha convertido más bien en un burócrata establecido, que protege nervioso su trabajo contra los asaltos de los "jovencitos". En la mediana edad, la confianza en sí mismo que antes rayaba en la arrogancia, es sacudida de manera drástica.

Los hombres de edad mediana que sienten que no son lo bastante apreciados por su compañía, desarrollan con frecuencia resentimientos contra la gente que alcanza las posiciones que ellos habían deseado. Se sienten amenazados y heridos, y a menudo reaccionan con mezquindad, dándoles gran importancia a todos los símbolos de prestigio. El tamaño del escritorio de otro hombre, el tipo de equipo de oficina, la ubicación de la oficina, la cantidad de ayuda por parte de la secretaria; todas estas cosas adquieren una importancia exagerada. No es tanto que necesite esas cosas, como que esos símbolos le proporcionan una seguridad que necesita con desesperación respecto a su importancia personal. Es muy triste ver a un hombre que un día fue una magnífica persona peleando por semejantes insignificancias.

Algunas veces, estos hombres amenazados ven realizados sus más grandes temores al perder su trabajo debido a una reducción en el personal. Cuando un hombre en la mitad de su vida descubre de pronto que ya no se solicitan más sus servicios, su ego queda destrozado y desaparece su confianza en sí mismo. Con frecuencia, disminuye su riqueza personal, y no ve que le queden muchas cosas por las que vivir.

Es difícil que un ejecutivo que ha sido despedido, o un obrero industrial sin trabajo, no sienta desprecio por sí mismo. Se había entregado por completo a las exigencias de su trabajo, moldeando su personalidad según las expectativas para el papel que debía desempeñar. Había puesto en peligro su integridad personal con el fin de llenar las expectativas del "hombre fuerte de la organización". Había dicho lo que querían oír, sosteniendo las opiniones políticas aceptadas, asistiendo a la iglesia correcta e incluso acudiendo al club social adecuado, en su esfuerzo por afirmar la imagen debida de su persona. Después de convertirse en lo que pensaba que quería su compañía, ahora se sentía traicionado.

Sören Kierkegaard dijo en una ocasión: "Cuando un hombre aspira a ser un César, y no logra convertirse en César, detestará lo que es, porque no es el César." Con esto quería decir que el hombre que no logra realizar lo que se lanza a realizar, terminará odiándose a sí mismo.

Por fortuna, la mayoría de los hombres no pierden su trabajo durante la crisis de la mediana edad. No obstante, incluso los que siguen en sus empleos encuentran con frecuencia que su trabajo carece de sentido y vuelven a su casa emocionalmente destruidos al final de la jornada. Paul Goodman, notable crítico social de los años sesenta, señalaba que en ningún otro momento en la historia del mundo los hombres han trabajado menos y han vuelto a su casa más agotados. Ese agotamiento no se debe a una labor física, sino al vacío emocional de no hacer nada que parezca valer la pena.

Rutas de escape en la mediana edad

Los hombres escogen entre una diversidad de rutas de escape, tratando de evitar las depresiones de la mediana edad.

1. Los deportes. Es espantoso ver a un hombre de mediana edad que dedica muchísimas horas de su vida a experimentar la emoción de la fama de manera sucedánea con sus deportistas favoritos. Tiene poco tiempo para la conversación, para las relaciones profundas, o para los sencillos gozos de la vida familiar, porque su vida se consume como espectador de la televisión. La emoción de la victoria y la la desesperación de la derrota son más grandes en su conciencia que las emociones y la desesperación de su propia experiencia, o la de su familia. Su propia existencia se vuelve menos real para él que la de sus deportistas favoritos. Sabe más acerca de la vida personal de los deportistas que de lo que está pasando en la vida de sus propios hijos. Con frecuencia, su estado emocional depende de si gana o pierde su equipo favorito. Algunas veces, un hombre en esta situación se deprime tanto cuando pierde su equipo favorito que se suicida.

Los cristianos evangélicos que fruncen el ceño ante "los placeres del mundo" acostumbran a no darse cuenta del potencial destructivo que hay en la preocupación por los deportes. Aunque es posible que los deportes les proporcionen a los cristianos una diversión sana, en más situaciones de las que estaríamos dispuestos a admitir también pueden devorar un tiempo precioso, dejando a las personas con poco lugar en su vida para las relaciones personales o para el servicio cristiano.

Debemos reconocer que una dedicación intensa a los deportes puede convertirse en idolatría, tomando el lugar de Dios. Ciertamente, éste es el caso del hombre que encuentra en los deportes un escape a la carencia de sentido de su existencia cotidiana.

2. El consumismo. Otra ruta falsa de escape ante la crisis de la mediana edad se encuentra en la compra de cosas. Vivimos en una sociedad orientada hacia el consumo. Los anuncios de la televisión intentan convencernos de que podemos adquirir una sensación de importancia y realización si compramos las cosas debidas. Hace algún tiempo había un anuncio de cerveza que le sacaba partido a esa conciencia de que la vida se nos va de las manos: "Sólo se pasa una vez por la vida; entonces, ¿por qué no pasarla con gusto?" Por supuesto, el anuncio prometía que la compra de una media docena de latas de cerveza era lo que hacía falta para "pasarla con gusto". Reflejando la falta de seguridad personal, otro anuncio, también de cerveza, dice: "Dile al mundo que sabes lo que estás haciendo..."

Se venden los refrescos sobre la base de que nos van a hacer más jóvenes. Los anuncios de ropa masculina proclaman que el éxito va unido al uso de los estilos y colores apropiados.

No hace falta un experto para convencernos de que los automóviles nos han proporcionado mucho más que un medio de transporte. Se han convertido en declaraciones simbólicas sobre quiénes somos. Una persona le está diciendo algo al mundo cuando anda en un Mercedes Benz.

Nuestra aventura amorosa con los automóviles está atada al anhelo de ser importante. Esto puede ser cierto de manera especial en algunas minorías. Muéstreme un hombre al que el sistema social ponga por los suelos, y le aseguro que ese hombre, de serle posible, tendrá una fuerte tendencia a proclamar que es alguien importante a base de sentarse tras el timón de un automóvil impresionante.

Dentro del contexto de una sociedad tan orientada al consumo, no es de sorprenderse que muchas personas se enfrenten a la crisis de la mediana edad al comprar cosas y más cosas. Esperan silenciar esa demoledora sensación de no haberse convertido en lo que esperaban ser.

Esta ruta de escape suele tener efectos desastrosos, puesto que la persona extiende grandemente su crédito e hipoteca su futuro. Aun los cristianos, que debieran ser más sabios, compran montones de cosas que en realidad no necesitan, en un intento por olvidarse de sus sentimientos de vacío y de fracaso.

La sociedad ha facilitado esta tendencia a la autodestrucción a base de proporcionarles tarjetas de crédito y préstamos fáciles a personas cuyos hábitos de compra se han convertido en una enfermedad. La Iglesia debe declarar de manera profética que los medios de comunicación están equivocados. A pesar de lo que digan los anuncios, la gente no puede pagar con dinero su salida de esa sensación de carencia de valor. La persona se ve inundada por una profunda tristeza cuando se da cuenta de que no puede alejar de sí su fracaso profesional a base de comprar cosas. Aún se oye por los corredores de los tiempos el eco de una voz que dice: "¿Por qué gastáis... vuestro trabajo en lo que no sacia?" (Isaías 55:2).

3. *El trabajo.* Algunos hombres tratan de resolver su falta de seguridad de la edad mediana volviéndose en maniáticos del trabajo. Si trabajan doce o dieciocho horas diarias, no tendrán que reflexionar nunca sobre su estado emocional. Blas Pascal dijo en una ocasión: "Todos los males parten de esto: de que los hombres no saben enfrentarse a la soledad." Lo que Pascal nos estaba tratando de decir es que en la soledad los hombres se ven obligados a reflexionar sobre el significado de su propia vida. En la soledad, se ven obligados a enfrentarse con lo que son y con lo que han llegado a ser. Muchos hombres llenan su vida de trabajo para no tener que enfrentarse con una soledad así.

La mayoría de los maniáticos del trabajo tienden a hacer demasiado importante su empleo, dándole una trascendencia fantástica a cuanto hacen, por pequeño que sea. Si su trabajo es muy importante, entonces ellos también deben ser importantes. Con frecuencia, se enredan tanto en la importancia imaginaria de las cosas triviales, que su trabajo se vuelve demasiado para ellos. Por esta razón, la manía por el trabajo suele ser contraproducente.

Lo que el maniático del trabajo teme más no es la muerte, sino los momentos de reflexión en los que ve en qué se ha convertido. Kierkegaard dice que somos como los cantos rodados cuando los tiran sobre la superficie de un lago. Damos saltos por la superficie, hasta que se nos acaba el impulso, y entonces nos hundimos a cien mil brazas de profundidad. El maniático del trabajo sabe que no podrá seguir trabajando para siempre. Tarde o temprano, deberá parar; el trabajo sólo es un escape temporal de la nada.

4. *Los hijos.* Muchos hijos se sienten empujados por su padre a unos logros porque éste trata de vivir a través de los éxitos de ellos para escapar así de sus propios fracasos.

Mi hijo forma parte del equipo de baloncesto de su escuela secundaria. El padre de otro de los jugadores de su equipo acudía a todas las prácticas para ver a su hijo en los ejercicios y el adiestramiento. Los otros chicos se dieron cuenta de que este padre estaba tratando de vivir a través de su hijo. Mi hijo hacía bromas acerca de aquel hombre, hasta un día en que se dio cuenta de que el propio chico estaba dolorosamente consciente de lo que estaba haciendo su padre.

5. *Las aventuras.* Una de las rutas de escape más desastrosas en la crisis de la mediana edad son las aventuras fuera del matrimonio. Este tipo de aventuras tiene un atractivo especial si la compañera es una mujer más joven, porque el hombre se siente temporalmente seguro de que no va rumbo a la ancianidad, sino que sigue siendo tan joven como para creer aún en su futuro. Su propia esposa lo conoce demasiado bien y lo exhorta a enfrentarse con la realidad de lo que ha llegado a ser. Puesto que la nueva mujer, más joven, no lo conoce bien, lo puede ayudar a dedicarse a un juego de fantasía. Cumple con un propósito útil al convertirse en su persona importante, y le refleja una imagen de la figura madura de poder que siempre ha querido ser. Aunque ella esté perpetrando un mito, a él le encanta que lo haga.

Es importante observar que es la forma en que ella lo hace sentir lo que lo atrae. En realidad, no la ama; está demasiado vacío para amar a nadie. Cuando ya ella no sirva para sus propósitos, la dejará y buscará otra persona que le dé apoyo emocional. Pocos son tan susceptibles a las aventuras fuera del matrimonio como los hombres que están pasando por la crisis de la mitad de la vida.

Los hombres cristianos tienen suficiente base en las enseñanzas de las Escrituras para no meterse en aventuras amorosas fuera del matrimonio. Sin embargo, muchos de estos hombres que nunca habrían "tocado" a una mujer, se pueden enredar emocionalmente con compañeras fuera del matrimonio de formas que pueden ser degradantes para su esposa y engañosas para ellos mismos. Una y otra vez he tenido que aconsejar a hombres que no han sido infieles desde el punto de vista sexual, pero que han permitido que otra mujer que no es su esposa se convirtiera en la persona importante de su vida. Esta práctica es muy común entre los ministros que encuentran en su congregación mujeres atractivas, más jóvenes que ellos, que están escapando del vacío de su propia vida por medio de fantasías románticas. Este tipo de situaciones suele estar revestido de una falsa nobleza, sobre todo cuando los relacionados en ellas sugieren de forma blasfema que lo único que impide que se acuesten juntos es su fidelidad a Cristo. En su pretensión de estarse comportando como Cristo, cultivan mutuamente su ego, a expensas de sus respectivos cónyuges.

En una ocasión, vino a verme una mujer a mi oficina; ella lloraba mientras me decía que su esposo tenía una aventura. Le pregunté si tenía pruebas de esto. ¿Había encontrado alguna nota, pintura de labios en el cuello de la camisa, o una cuenta de hotel? Me respondió con rapidez: "Creo que podría sobrevivir si supiera que mi esposo tenía otra mujer, mientras estuviera segura de ser yo su compañera, pero es al revés por completo. Esa mujer es su compañera, y yo soy la otra."

El esposo de este relato era un notable líder de una iglesia que había deshumanizado a su esposa a base de convertirla en una compañera de vida sexual, al mismo tiempo que le negaba la intimidad de la compañía y la intimidad en la vida. En un sentido legalista, no había cometido adulterio, pero cabría preguntarse cuántas veces, mientras mantenía relaciones sexuales con su esposa, no se habría imaginado que estaba con la otra mujer.

Es asombroso lo crueles que pueden ser los cristianos al mismo tiempo que fingen estar manteniendo en alto la letra de la Ley de Dios. No en balde Jesús señaló que aun cuando un hombre no se acueste con una mujer, puede estar cometiendo adulterio con ella en sus fantasías.

Esta ruta de escape no lleva a ninguna parte. Sólo es cuestión de tiempo antes de que el nuevo arreglo pierda su valor como escape a la carencia de sentido. Entonces el hombre tendrá que pasar a otra aventura, en un intento por apuntalar su vacilante ego. Como Don Juan, no habrá sabido ver que la ausencia de una satisfacción personal duradera no está en su compañera de vida sexual, sino en su propia insuficiencia.

8

Esperanza para el hombre de cuarenta y tres años

Para superar la crisis de la mediana edad, el primer paso es que el hombre se mantenga en buena salud y descansado. A esa edad, los hombres necesitan darse cuenta de que ya no pueden seguir esforzándose físicamente como lo hacían a los veinticinco años; de que se cansan con mayor rapidez y necesitan descansar. Es asombroso con cuánta mayor facilidad puedo mantener el control de mi vida cuando he comido adecuadamente y he dormido lo suficiente. Los hombres en sus cuarenta y tantos años necesitan tener vacaciones para recuperarse psicológicamente de la tensión de la vida diaria. Es una lástima que no todos puedan ir a la playa o a una casa de campo para volver a ponerse en condiciones. Con todo, para quienes se lo puedan permitir, un viaje así vale la pena, y podría resultar menos costoso que pagarle a un psiquiatra. La mente y el cuerpo están estrechamente relacionados, y cuando el cuerpo está agotado, la mente queda afectada.

Cambie de perspectiva

La crisis de la mediana edad debiera animar al hombre a examinar de nuevo su vida, aclarar sus valores y ver lo que ha logrado. Es un momento para decidir sus prioridades y lo que debe tener la importancia máxima en su vida. Algunas veces, los hombres descubren que cuando piensan en lo que es importante de verdad, y lo que tiene una importancia relativa, no tienen nada de qué deprimirse y mucho de qué sentirse agradecidos.

La sensación de fracaso puede ser consecuencia de la perspectiva que tenga el hombre con respecto a la vida. Si cambia esa perspectiva, es posible que se sienta como si fuera otro hombre. Hasta es posible que vea su profesión de una forma nueva y le encuentre sentido real a su trabajo.

Christopher Wren, el arquitecto que diseñó tantas de las grandes iglesias de Londres, cuenta la ocasión en que recorrió el lugar donde se estaba construyendo la catedral de San Pablo, preguntándoles a los diversos obreros qué estaban haciendo. Uno le explicó que estaba haciendo labor de carpintería; otro, que estaba colocando ladrillos; otro que estaba poniendo en su lugar los vitrales, y otro le dijo que estaba tallando piedra. Cuando salía ya de la catedral, Wren se encontró con un hombre que estaba mezclando mortero, y le preguntó qué hacía. El albañil, que no reconoció al arquitecto, le respondió con satisfacción: "Señor, estoy construyendo una gran catedral."

La forma en que otros habrían podido describir el trabajo de este hombre tenía poca importancia. Por la gracia de Dios, él había sido capaz de ver su labor como un servicio al Señor y a la humanidad. Para él, lo cotidiano había adquirido la cualidad de sagrado, con lo que le había dado una nueva importancia a su tarea.

Cambie de ocupación

Aunque es lamentable, lo cierto es que a la mayoría de los hombres este cambio de perspectiva no les ayuda. A pesar de sus esfuerzos por encontrarles sentido, salen de sus labores con la sensación de haber malgastado su vida. A estos hombres, les puedo decir: "¿Por qué no pensar en un cambio?"

Los años de la mediana edad podrían ser un buen momento para cambiar de profesión y hacer algo que ofrezca un reto nuevo. He visto hombres cuya vida se había convertido en una aburrida rutina, y que habían perdido la sensación de estar vivos, renacer emocionalmente al cambiar de profesión para hacer algo que siempre habían soñado hacer.

Conozco algunos hombres de algo más de cuarenta años que han regresado a la universidad o al seminario a fin de prepararse para el ministerio. Yo doy algunas clases en un seminario, y he encontrado que mis mejores estudiantes son los hombres de edad mediana que durante una crisis de su mediana edad han decidido convertirse en servidores de la Iglesia. El decano de nuestro seminario considera que éstos son los hombres que serán los mejores pastores. Van a trabajar a las iglesias conociendo las complejidades con las que se enfrentan tantos miembros de la congregación, y que no es posible que los pastores más jóvenes puedan entender.

Tenemos un ejemplo reciente de cambio radical en medio de la vida en la persona de Chuck Colson. Muchas personas se niegan a aceptar lo que le ha sucedido a este conspirador de Watergate. Pasados los cuarenta años, aplastado por sus propios errores, descubrió que podía hallar sentido en una vida de servicio cristiano. Así es como ha desarrollado una organización que les ministra de una manera especial a los hombres y mujeres que están en la cárcel. Colson ha creado una vida llena de sentido a partir de un desastre personal.

Albert Schweitzer había alcanzado la fama a los cuarenta años como uno de los grandes intérpretes de Bach, había escrito un libro que se convertiría en un clásico de la teología entre los estudiantes de seminario de todo el mundo, y era un hombre rico. Había triunfado, según las normas del mundo, pero no se sentía realizado. A los cuarenta años lo dejó todo para adentrarse en el interior del África ecuatorial para trabajar como misionero. No tenemos que estar de acuerdo con la teología de Albert Schweitzer para admirar su entrega al servicio cristiano.

Si usted ha enfocado su trabajo con un espíritu de semejanza a Cristo, tratando de encontrarle sentido a su labor, pero no está recibiendo satisfacción en lo que hace, yo le aconsejaría que cambiara de profesión. No sé dónde lo quiere Dios, pero sí sé que no lo quiere en un trabajo que le niegue realización o haga menguar su humanidad. Dios lo creó a su imagen y usted, al igual que su Señor, debe deleitarse de manera creativa en su labor.

Cuando yo era niño, mi padre trabajaba haciendo gabinetes para la RCA. Fabricaba y pulía las consolas de madera donde se colocaba el complejo conjunto de tubos y alambres necesario para tener una buena recepción radial en los primeros tiempos de la radio inalámbrica. Era un artista, y aunque no le pagaban mucho por su labor, tenía un gran sentido de satisfacción en lo que producía. Cada vez que hacía la consola de un radio, le ponía sus iniciales en la parte de atrás. Recuerdo que cuando visitábamos a nuestros amigos o parientes, él me hacía ir a mirar a la parte de atrás de la consola para ver si sus iniciales estaban allí. Cada vez que yo las encontraba, él casi reventaba de satisfacción. Aquella consola de madera era más que una simple cosa. De alguna manera mística, él se había extendido a sí mismo en sus producciones. Cada una de las consolas era suya; era una expresión de sus habilidades y conocimientos. Porque se sentía orgulloso de su trabajo, era un hombre realizado.

Hoy en día, no son muchos los obreros que tienen el privilegio de hallar este tipo de realización en su labor. Gracias a Dios, no fue así con mi padre.

La mayoría de nosotros debemos volvernos hacia los niños para encontrar gente concentrada en su tarea. ¿Ha observado usted alguna vez a los niños haciendo trabajos manuales durante una sesión de la Escuela bíblica de vacaciones? El niño que quiere hacer algo para su mamá trabaja con una entrega y una intensidad que se han vuelto demasiado poco frecuentes en nuestra época, en que se hacen las cosas de una manera tan descuidada. Aún puedo ver a mi hijo llegar de la escuela y darme un pedazo de arcilla que había pintado de verde, mientras me decía: "Esto lo hice para ti." Todo obrero debe luchar por este tipo de paga emocional de sus labores.

Esperanza para el hombre de cuarenta y tres años

Hace algunos años, un amigo mío llamado Charlie fue a dar clases de literatura inglesa en una universidad estatal. Estuvo allí tres semanas, y después fue a la oficina del decano para decir que renunciaba.

— No pienso venir la semana próxima, y me pareció que usted debía saberlo — le dijo.

— Si usted no cumple con su contrato, no va a dar clases aquí nunca más. No sólo aquí; no va a dar clases en ningún otro lugar, si yo puedo impedirlo — el decano le respondió.

Después que mi amigo dejó su trabajo, su mamá se puso en contacto conmigo por teléfono y me dijo que hacía falta que yo lo viera. Estaba segura de que se había vuelto loco, y esperaba que yo lo pudiera convencer para que regresara a su trabajo.

Encontré a Charlie viviendo en un desván en la plaza Hamilton de Nueva Jersey. Debo admitir que su apartamento tenía estilo: cartelones de viajes puestos por todas las paredes, una buena cantidad de libros regados por el cuarto y el aparato estereofónico tocando una ópera de Wagner. Tomé asiento, y después de unos momentos de charla intrascendente, fui al grano.

— ¿Qué has hecho?" — le pregunté.

— Renuncié — me dijo Charlie —. Me largué. No quiero seguir dando clases. Cada vez que entraba en un aula, me moría un poco más.

Lo pude comprender. Soy profesor, y sé lo que es entrar en una clase y entregarse de lleno a enseñar; dejar que cada nervio dentro de nosotros vibre de emoción con nuestros conceptos más profundos. Sé lo que es compartir con pasión las luchas de nuestra existencia, poner toda el alma en el intento de comunicar nuestros sentimientos. Entonces, cuando todo ha terminado, algún estudiante levanta la mano en el fondo del aula y dice: "¿Tenemos que aprendernos todo eso para el examen final?" Entonces, yo también muero un poco.

Me bastó poco tiempo para comprender que Charlie no iba a regresar al aula, así que le pregunté qué pensaba hacer consigo mismo en el presente. Me dijo: "Soy cartero."

Regresando al sistema de valores proporcionado por la ética protestante del trabajo, le dije:

— Charlie, si vas a ser cartero, sé el mejor cartero del mundo.

Él me respondió:

— Soy un cartero pésimo. Todos los otros que reparten la correspondencia están de vuelta en la oficina de correos cerca de las dos de la tarde. Yo nunca regreso antes de las seis."

— ¿Por qué te toma tanto tiempo? — le pregunté.

— Hablo con la gente — me dijo Charlie —. No te puedes imaginar la cantidad de gente solitaria que hay en mi ruta, y que nunca había recibido una visita hasta que yo me hice cartero. Más aún, ahora no puedo dormir por las noches.

— ¿Por qué no puedes dormir? — le pregunté.

— ¿Has tratado alguna vez de dormir después de haberte tomado quince tazas de café? — fue su respuesta.

Allí sentado, contemplando a mi amigo Charlie, sentí envidia de él. Estaba lleno de vitalidad, con la emoción que siente una persona cuando hace algo lleno de sentido con su vida. Por haber pasado de profesor universitario a cartero, Charlie ha perdido categoría social. Sin embargo, ¿qué más da? Está ayudando de manera significativa a otras personas, y así está encontrando su realización al visitar "a los huérfanos y a las viudas en sus tribulaciones" (Santiago 1:27).

Poco después de cumplidos los cuarenta años, a las personas se les hace difícil cambiar de trabajo. Por poco importantes que sean muchos trabajos, lo que sí ofrecen es una sensación de seguridad. El sociólogo W. I. Thomas, analizando los deseos fundamentales de la existencia humana, observa que todas las personas desean a la vez la seguridad y tener nuevas aventuras. Thomas ve estos dos deseos en oposición diametral el uno al otro. Mientras más edad tenemos, más crece nuestro deseo de seguridad, mientras disminuye nuestro deseo de nuevas aventuras. Sin embargo, esto no tiene por qué ser así. Una de las consecuencias de la nueva vida en Cristo es que "vuestros ancianos soñarán sueños, y vuestros jóvenes verán visiones" (Joel 2:28).

Siempre me emociona la historia de Abraham, ese hombre de edad avanzada que decidió a los setenta y cinco años comenzar la vida de nuevo. La Biblia dice que cuando Dios lo llamó, él se marcho de Ur de los caldeos, "sin saber a dónde iba" (Hebreos 11:8). Vio que en su vida había más cosas que estaban esperando a que él las viviera. Si

Abraham se atrevió a lanzarse en una nueva dirección a los setenta y cinco años de edad, ¿por qué habría de tener miedo de hacerlo un hombre de cuarenta?

La consagración a Cristo nos puede capacitar para ser aventureros, porque nuestra necesidad de seguridad es radica, no en nuestra profesión, sino en nuestra confianza en Jesús. Cuando le entregamos la vida a Cristo, sentimos que Él va a estar con nosotros, y nos va a apoyar y sostener en alto a lo largo de toda la vida. Podemos decir con toda confianza: "Si Dios es por nosotros, ¿quién contra nosotros?" (Romanos 8:31).

Invierta en la familia

En su intento por crear algo con sentido a partir de la sensación de absurdo que marca la crisis de la mediana edad, el hombre le debe dar una buena mirada a su familia. En su apresuramiento por lograr el éxito, es posible que haya pasado por alto la valiosa oportunidad de tener una relación profunda con su esposa y sus hijos. Por suerte, un hombre con algo más de cuarenta años tiene todavía tiempo para desarrollar el tipo de relaciones familiares que le van a dar sensación de éxito, aun cuando todo lo demás lo pueda estar haciendo sentir que la vida es un fracaso. Con demasiada frecuencia nos preocupamos tanto de nuestro papel dentro de nuestra ocupación, que dejamos pasar las oportunidades de llegar a tener intimidad.

A menudo, la crisis de la mediana edad hace que los hombres les presten una intensa atención a esos seres preciosos que habían ignorado antes. Estos hombres descubren el gozo que se obtiene cuando se escucha a los hijos, se los ayuda en sus problemas y se comparten sus gozos de una manera maravillosa. Estos hombres descubren, antes de que sea demasiado tarde, que hay una fantástica realización en el hecho de mirar a los ojos a sus hijos cuando ellos hablan, para discernir no sólo lo que dicen, sino lo que sienten y lo que quieren decir.

En la obra *Our Town* ["Nuestro pueblo"], de Thornton Wilder, a una mujer que ha fallecido se le permite volver a vivir un día de su vida. Ella escoge su décimo segundo cumpleaños. Otros muertos tratan de advertirle que no lo haga, pero ella insiste. Mientras se observa a sí misma y a los miembros de su familia viviendo aquel día, la sobrecoge el desespero por la forma en que los miembros de su familia se dan por supuestos unos a otros. Le causa gran angustia el hecho de que hablan entre sí sin prestarse atención en realidad, y termina gritando: "¿Es que no se dan cuenta de que no se tendrán unos a otros para siempre?"

Si la crisis de la mediana edad sacude a los hombres para que dejen de ignorar a las personas que les son más valiosas, y hace que se entreguen a su familia con intensidad, los puede llevar a una vida más llena de sentido que nunca antes.

La creación de comunidad

Otra opción para los hombres que se enfrentan a la crisis de la mediana edad se encuentra en la creación de comunidad. Hay muchas personas que no tienen lazos emocionales importantes con personas que no son de su familia inmediata. En los tiempos de crisis, la familia se queda sola, sin un grupo de apoyo que la pueda conducir a través de esos momentos difíciles.

Ante esta separación, algunas familias cristianas han tomado la decisión de formar comunidad con otras familias. Algunas veces, estas familias cristianas deciden vivir en casas vecinas, de manera que puedan compartir entre sí de muchas formas. A medida que desarrollan la amistad, tanto hombres como mujeres aprenden que la tendencia actual a glorificar la individualidad a expensas de la comunidad, es equivocada. Jesús nos creó para que fuéramos miembros los unos de los otros, y en la comunidad encontramos el apoyo emocional que nos puede guiar a través de las crisis que de otra forma habrían amenazado nuestra identidad y concepto de lo que valemos.

Estoy sugiriendo que dos o más matrimonios hagan entre sí el pacto de permanecer juntos a lo largo de toda la vida. Uso la palabra "pacto" porque denota una relación obligatoria y sagrada. Si hay un compromiso de apoyarse mutuamente, un matrimonio no se mudará lejos de los otros, ni siquiera para aprovecharse de las oportunidades de trabajo que significarían un ascenso dentro de la escala social. Con el fin de mantener comunidad, estarán dispuestos a permanecer con sus amigos, cualquiera que sea el precio desde el punto de vista profesional, porque la paga emocional hace que valga la pena.

Cuando varias familias viven cerca unas de otras, se vuelve posible adoptar un estilo de vida menos costoso. En lugar de comprar varios televisores, las familias pueden comprar uno y compartirlo. Lo mismo pueden hacer con escaleras de mano, sierras y radios. Se pueden comprar los víveres en cantidades grandes, y por tanto, a precios más reducidos. En resumen, es posible bajar el precio de una vida relativamente cómoda.

Ríndase a Cristo

En medio de la crisis de la mediana edad, los hombres necesitan a Jesús. Rendirse a Cristo los capacita para aprender a superar la amargura y el resentimiento que han albergado en contra de los que parecen estarles ganando en la carrera por el éxito profesional. Encuentran que Cristo les da una afabilidad que les permite amar a quienes compiten con ellos y perdonar a los que están listos para vencerlos en la competencia por salir adelante.

Cuando Jesús se vuelve la persona más importante en la vida de los hombres, éstos comprenden lo importantes que son para Él. Cuando reconocen que Jesús los ama y los acepta tal como son, se les hace más fácil amarse y aceptarse ellos mismos. En Cristo, los hombres aprenden que los elogios de este mundo no tienen una importancia duradera. Aprenden lo cierto que es un pensamiento que antes no parecía más que otro lugar común: "Sólo una vida, que pronto habrá pasado; sólo lo que hagas por Cristo perdurará." Ven que nunca es demasiado tarde para hacer aquellas cosas que nos almacenan "tesoros en el cielo, donde ni la polilla ni el orín corrompen, y donde ladrones no minan ni hurtan" (Mateo 6:20).

¿Qué es el éxito?

Jesús insiste más en las cosas pequeñas que hacemos que en las cosas grandes que impresionan a los demás. El Señor describe el día de su juicio como un momento en el que algunos le dirán: "Señor, Señor, ¿no profetizamos en tu nombre, y en tu nombre echamos fuera demonios, y en tu nombre hicimos muchos milagros?" Entonces Jesús les responderá a los que creían que habían hecho grandes cosas ante los ojos del mundo, diciéndoles: "Nunca os conocí; apartaos de mí, hacedores de maldad" (ver Mateo 7:22-23).

En el día del juicio, el Señor revelará el valor que tienen las acciones que parecían relativamente insignificantes. Reconocerá de manera especial a los que alimentaron a los hambrientos, vistieron a los desnudos, visitaron a los enfermos y a los encarcelados, y declarará que quienes han hecho estas cosas son los más bienaventurados en el reino de Dios. "De cierto os digo que en cuanto lo hicisteis a uno de estos mis hermanos más pequeños, a mí lo hicisteis" (ver Mateo 25:35-40).

Muchos hombres han encontrado el éxito al aprovechar las oportunidades para expresar su amor de maneras sencillas. Es más importante expresar amor en las cosas pequeñas que podemos hacer los unos por los otros a diario, que adquirir fama ante los ojos del mundo. Los cristianos creen que si son fieles en estas cosas, el Señor los pondrá a reinar sobre cosas grandes. Saben que los que traten de ser los primeros se convertirán en los últimos, pero los que estén dispuestos a ser los últimos y los servidores de todos, serán elevados a puestos destacados en el reino de Dios.

9

Presiones sobre la mujer de mediana edad

Solía ser bastante sencillo calcular lo que tenía que hacer una mujer para tener éxito. Tenía que casarse con un hombre decente, trabajador y triunfador. Mientras más rico fuera el hombre con que se casara, más éxito habría tenido. Sus años de adolescencia tenían por meta el desarrollo de los rasgos que harían de ella una compañera deseable para el matrimonio, porque los hombres, en la sociedad rural de las generaciones pasadas, exigían mucho más que el atractivo físico y una personalidad agradable en su posible compañera. No es que la buena apariencia y las maneras agradables no tuvieran importancia, pero un granjero joven con aspiraciones buscaba también alguien que pudiera cocinar, coser, llevar la casa, ordeñar las vacas, ayudar en la siembra y realizar una gran cantidad de tareas más que formaban parte de las labores de una granja bien administrada. Al joven se le decía que la belleza sólo estaba a flor de piel; si se sentía maravillado por la atracción física de alguna mujer, los que se preocupaban por su futuro le preguntaban: "¿Sabe hacer pasteles?"

Cuando pasamos al estilo de vida industrial y urbano, dejamos atrás muchos de aquellos requisitos para los papeles a desempeñar. Ya no es necesario que una mujer pase tantas horas al día preparando comida para los suyos, porque hay industrias que procesan y empacan los alimentos. Con relativa facilidad, la mujer moderna puede abrir una lata de esto, un paquete de aquello, y tener una comida pasable en la mesa en muy poco tiempo. Aunque hay algunas mujeres a las que les encanta coser, la mayoría de la ropa que usamos ha sido hecha en alguna industria. Puesto que la mayoría de los hombres no son granjeros, no necesitan tampoco una esposa que pueda arar los campos y ordeñar las vacas.

El papel de la mujer ha cambiado porque su situación social también ha cambiado. Ya no puede adquirir un sentido de valor personal a base de realizar esas tareas esenciales que le pertenecían en la sociedad agraria. La imagen que tiene de sí misma se ha hecho cada vez más dependiente de la opinión que tenga su esposo sobre ella. Ahora más que nunca, él es la persona importante en su vida que le proporciona cuanta sensación de éxito ella llegue a tener. Si él piensa que ella es una persona maravillosa, entonces ella se verá a sí misma de esa forma. En cambio, si la considera poco atractiva, nada interesante y sin valor alguno, con toda probabilidad terminará sintiéndose fracasada.

En el mundo de hoy se le dice continuamente a la mujer que "nunca le ha ido tan bien". Sin embargo, en muchos sentidos su vida nunca ha sido tan difícil. En lugar de los papeles claramente definidos que se le asignaban en el pasado, la mujer moderna se ve lanzada dentro de una complicada multiplicidad de papeles. Va y viene en un inacabable círculo de agotadora actividad, y con frecuencia termina sin sensación alguna de realización personal.

En la sociedad de hoy se espera de la esposa de clase media que sea buena anfitriona, que trabaje como voluntaria en actividades de la comunidad, que sea buena conversadora, compradora eficaz y una compañera de vida sexual que haya superado las gazmoñerías restrictivas del pasado.

Se da por supuesto que actuará como ayudante de maestro, y podrá ayudar a sus hijos con las tareas, mecanografiar sus trabajos, ayudarlos con sus proyectos de clase y mantener comunicación con los maestros de la escuela. Se espera de ella que haga todas estas cosas, al mismo tiempo que mantiene limpia la casa, lava la ropa, cocina las comidas y coordina la vida familiar.

No es de extrañarse que la mujer de hoy se sienta deprimida con frecuencia porque no ha sido capaz de hacerlo todo. Muchas veces, los miembros de su familia dan por supuesto todo lo que ella hace, y les prestan poca consideración al tiempo y al esfuerzo que pone. Lo peor de todo es que a menudo ella misma no reconoce la cantidad de tiempo y de energía que exigen estas actividades que se toman por seguras. Al final del día, muchas veces se siente exhausta y perpleja, mientras se pregunta: "¿Por qué se fue el día tan rápido, y por qué no fui capaz de hacer más cosas?"

Una pobre preparación para la maternidad

La mujer moderna ha tenido poca preparación para sus papeles tan agotadores y exigentes. Ha sido educada en escuelas que le dan el mismo adiestramiento que ha recibido su esposo. En la universidad aprendió a disfrutar de la poesía, de la pintura y de un enfoque filosófico de las humanidades. Cuando se casó y tuvo hijos, este estilo de vida fue interrumpido de pronto al ser lanzada a una interminable rutina de tareas domésticas ajenas a su preparación. Se encontró alimentando al bebé, cambiando pañales, curando paspaduras y manteniendo una vigilancia inacabable sobre las actividades y las funciones corporales de sus hijos.

Por muchas cosas positivas que podamos decir sobre la maternidad, debemos admitir que la mujer de clase media siente que llegar a ser madre es algo que interrumpe su estilo de vida anterior. Con frecuencia, este cambio es un abrupto choque cultural, y resulta difícil de manejar.

George Herbert Mead, considerado por muchos como el filósofo social más grande de los Estados Unidos, afirmaba que los juegos de nuestra niñez nos preparan para los papeles que asumiremos más tarde en la vida. Alegaba que los niños representan en sus juegos los tipos de papeles que asumirán al ser adultos. Por medio de estos juegos, se preparan psicológicamente para sus tareas futuras, y hasta cierto punto, son condicionados para lo que van a experimentar más tarde.

La joven de hoy no ha tenido el tipo de actividad lúdica que la habría preparado para su papel. Lo más probable es que no haya jugado con una muñeca que se mojaba los pañales, gritaba "mamá" y que ella llevaba en un cochecito de juguete. Lo más seguro es que la madre contemporánea haya jugado de niña con una muñequita que representa a una joven adulta, una chica de carrera de poco más de veinte años de edad. Tiene vestidos y ropa para jugar al tenis; conduce un auto descapotable y tiene una hermana más joven, y un amigo que se llama Ken. Cuando los hábitos de juego de la niñez hacen que la mujer moderna se identifique con el estilo de vida libre y descuidado de una mujer de carrera, se le niega parte de esa preparación que habría hecho mucho más fácil la adaptación a la maternidad.

Criando sola a sus hijos

Debemos observar que en toda la historia no hay mujer alguna que haya sido dejada tan sola para enfrentarse a las responsabilidades de la crianza de los hijos como la madre contemporánea. En tiempos pasados, la gente vivía en comunidades pequeñas, rodeada de parientes y de amigos íntimos. Con frecuencia, estas personas tan cercanas tenían una rica experiencia en cuanto a la maternidad, y la daban a conocer a la nueva madre. También le cuidaban al niño de vez en cuando, lo que le proporcionaba el descanso y el alivio que necesitaba. Si quería ir al pueblo con su esposo, siempre encontraba una tía, la suegra, una hermana o una vecina cercana; alguien que estaba dispuesto a venir para cuidar de sus hijos. Si la madre no se estaba sintiendo bien, solía haber algún adulto competente que cuidaba del hijo mientras ella descansaba. Sólo ha sido la madre de hoy, aislada en el mundo urbano moderno, la que ha tenido que recurrir a esa extraña curiosidad que llamamos "niñera por horas".

En el mundo de hoy, la mujer que forma parte de una unidad familiar móvil y pequeña, se puede encontrar aislada en algún apartamento de un gran edificio, rodeada de extraños. Cuando está enferma, no hay nadie a quien llamar en busca de ayuda. Cuando su esposo se va por la mañana, lo mejor que le puede ofrecer es la promesa de que la llamará por teléfono durante el día para saber cómo sigue.

Comparemos lo que soporta la mujer moderna mientras cría a sus hijos con las experiencias de las madres en los tiempos antiguos. Concretamente, comparemos a la mujer moderna con María, la madre de Jesús. Cuando su hijo tenía doce años, lo llevó al templo de Jerusalén para su Bar Mitzva. Cuando ella y su esposo José volvían a su pueblo, Jesús decidió quedarse para hablar con los escribas y los doctores. Tenía muchas preguntas que necesitaban una respuesta. Hasta el final de toda una jornada de marcha, no se vinieron a dar cuenta José y María de que Jesús no estaba con ellos. Nos imaginamos a José diciéndole a María: "No he visto a Jesús desde las primeras horas de la mañana."

Las Escrituras nos dicen que María y José suponían que Él andaba con los demás. Ellos formaban parte de una comunidad de apoyo que cuidaba con amor de todos sus niños. En el mundo antiguo, una madre joven no criaba sola a su hijo, sino que la ayudaba en esa tarea un grupo de gente que aportaba responsabilidad, experiencia y conocimiento al proceso de criarlo. Una de las peculiaridades de nuestros tiempos es que se deja a la mujer sola con la crianza de sus hijos.

Puesto que se le exige tanto a la mujer moderna, y está tan pobremente preparada, es difícil que se sienta triunfadora. Es frecuente que no pueda enfrentarse a las exigencias de su vida, y se vuelva enojada o deprimida cuando todo el mundo parezca sugerir que las cosas le son muy fáciles.

La vida en una sociedad sexista

Además de todo esto, la mujer moderna está sometida a las consecuencias psicológicas de la vida dentro de una sociedad sexista. Cuando llamamos así a una sociedad, estamos describiendo un sistema social en el que las mujeres deben mantener ciertos atributos físicos y cierto estilo de personalidad con el fin de ser consideradas valiosas. En una sociedad así, es posible que se trate a una mujer competente como una perdedora si no tiene la cara bonita, el cuerpo en forma y las maneras de rigor. Si le faltan esos atributos, es posible que sufra de unos profundos sentimientos de inferioridad, por muy brillante o eficiente que sea.

Lo peor es que se espera de ella que mantenga estos rasgos físicos deseables a lo largo de la mayor parte de su vida, aunque sea imposible hacerlo. Cuando comience a perder su aspecto juvenil, se podrá sentir amenazada, sobre todo si su esposo se interesa en otras mujeres más jóvenes que parecen poseer lo que ella ha perdido. A la mitad de su vida, se supone que sonría con benevolencia, mientras su esposo contempla atontado las jóvenes que desfilan ante él en la playa, usando unos trajes de baño que esconden mucho menos de lo que enseñan. No le gusta admitirlo, pero le duele que su esposo encuentre el aspecto físico de ellas más atractivo que el suyo. De muchas formas, él le comunica sutilmente que ya ella no despierta su pasión.

No tiene nada de raro que la proporción de suicidios entre las mujeres casadas de más de treinta y cinco años sea el triple que la proporción entre los hombres de esa misma edad, y que el número de mujeres de mediana edad que sufren de depresiones emocionales exceda en mucho al número de hombres que experimentan el mismo mal. Kate Millet lo explica bien cuando dice que a los cuarenta años, a los hombres se les puede considerar maduros, mientras que a las mujeres de cuarenta años se las suele considerar obsoletas. Con esto no sugerimos que no haya mujeres atractivas de cuarenta años, sino sólo señalamos que las mujeres que son atractivas a esa edad, son consideradas como tales, porque no aparentan la edad que tienen.

He dado charlas a grupos de mujeres cristianas en distintos lugares. En casi todos los casos, la mujer que presidía la reunión me ha dicho: "En las reuniones del club de mujeres cristianas hay tres cosas de las que nunca hablamos: la iglesia a la que pertenecemos, el peso y la edad." Ellas saben muy bien que cuando se hace consciente a la mujer de su edad y su peso, al mismo tiempo se la está haciendo consciente de que esos encantos de la "mujer triunfadora" están desapareciendo de su vida. No hay duda alguna de que la sociedad, a base de insistir de manera exagerada en la importancia del atractivo físico en las mujeres, contribuye a hacerlas sentirse fracasadas cuando su aspecto se deteriora con el paso del tiempo.

Los argumentos feministas

Por lo general, los miembros conservadores de la comunidad evangélica no ven la legitimidad de muchos de los argumentos feministas. Es importante que los cristianos comprendan que, cualquiera que sea su punto de vista sobre los cambios de tipo político que busca el movimiento feminista, estas airadas mujeres también representan una justa indignación contra lo que hace el mundo moderno con la mujer: la sobrecarga con expectativas imposibles sobre su papel social y la deshumaniza al hacer depender tanto su valor personal de su aspecto físico. Aunque Jesús habría rechazado algunas de las reclamaciones de las líderes de la liberación femenina, sí habría visto con buenos ojos sus esfuerzos por terminar con muchos de los sufrimientos innecesarios que la sociedad le causa a la mujer moderna.

Un cuidadoso examen de la rebelión social fomentada por el movimiento feminista nos ayudará a ver las posiciones que deben apoyar los cristianos.

1. Los concursos de belleza. Hace algunos años, hubo una manifestación de mujeres en Atlantic City contra un concurso nacional de belleza. Las feministas veían este concurso como algo que oprimía a las mujeres y disminuía su sentido de su propio valor como personas. En realidad, me ha sorprendido que no se hayan unido a esta campaña un mayor número de evangélicos. De hecho, aquéllos de nosotros que nos oponemos a la pornografía, debiéramos darnos cuenta de que hay algo que no anda bien en un concurso donde más de cincuenta mujeres despliegan sus atributos sexuales ante los lujuriosos ojos de millones de hombres. No quiero que se me tome por mojigato, pero creo que las feministas tienen razón cuando dicen que estos concursos tratan a las mujeres como si fueran pedazos de carne en lugar de personas.

Sé que muchas de las concursantes se consideran "chicas cristianas" y hasta son maestras de escuela dominical. Sé que varias de ellas han dado testimonio de lo que significa Cristo para ellas. Con todo, nada de esto destruye el hecho de que este concurso no está bien. Una joven que había participado en el concurso escuchó una de mis filípicas en contra de él y se me quejó, diciéndome que el concurso es más que una simple exhibición del cuerpo en traje de baño. Estoy de acuerdo, pero creo que se debe condenar porque sí exige una exhibición en traje de baño como parte de su proceso de selección.

Me asombra que los cristianos no se sientan más airados con respecto a lo que sucede en estos concursos. Pensemos que se les miden diversos lugares del cuerpo a las concursantes, y esto se transmite al mundo. Mientras el maestro de ceremonias nos da las medidas de las concursantes, hay mujeres en todas partes que compararan calladamente sus propias medidas con esta medida prescrita, y la mayoría de ellas terminan sintiéndose muy inferiores.

Es interesante observar que durante años la iglesia católica romana se opuso a que sus mujeres participaran en estos concursos. Sus objeciones demostraron tener una base profunda: la jerarquía católica sostenía que no es prerrogativa de la sociedad, sino de Dios, el definir lo que debe ser una mujer. Ciertamente, ¿por qué se ha de sentir inferior una mujer debido a que no tiene, por defecto o por exceso, las medidas de una reina de belleza?

En el pasado, formaba parte de estos concursos un momento de preguntas destinado a asegurarse de que la candidata a la corona sería capaz de responder bien las preguntas difíciles que le podía hacer la gente si llegaba a ser nombrada reina. En una ocasión se le hizo a una candidata una pregunta sobre su actitud ante las guerras. La concursante respondió: "La verdad es que no sé por qué hay guerras. Todo eso me parece demasiado complicado para mí."

Me intrigó aquella respuesta. Lo que esta candidata a reina de belleza decía de sí misma es que era poco inteligente e ignorante. Al auditorio le encantó, porque aquello sólo estaba reafirmando su concepto de lo que es la mujer ideal: bonita, pero no demasiado inteligente. Me pareció que debía ser muy lista para actuar con tanta torpeza, y desempeñar el papel que se esperaba de ella con tanta precisión.

2. *Los juegos de las mujeres.* Este tipo de conducta sólo sirve para animar a las mujeres a parecer menos inteligentes de lo que son, a fin de triunfar en una sociedad dominada por varones arrogantes. Es frecuente que las mujeres se presenten menos brillantes de lo que son para parecerles más atractivas sexualmente a los hombres. Uno de mis estudiantes hizo un estudio en el que se demostraba que al momento

de casarse, el hombre y la mujer típicos presentan un cociente de inteligencia bastante parecido. Sin embargo, al cabo de quince años de matrimonio, esas mismas mujeres suelen estar diez puntos por debajo de su esposo. Aquellas mujeres habían rebajado su inteligencia por tanto tiempo, y de tantas maneras, que habían terminado por convertirse en lo que fingían ser: unas personas no tan brillantes.

Creo que los juegos a los que se dedican las mujeres a fin de estar a la altura de los criterios que prescribe la cultura para que triunfen, impiden que crezcan hasta la plenitud de personalidad que Dios quiere de ellas. Cuando el movimiento feminista ataca estos juegos destructivos, creo que está condenando un tipo de conducta al que Cristo mismo se habría opuesto.

3. Las imágenes en los medios de comunicación. Las imágenes de las mujeres que presentan los medios de comunicación suelen estar distorsionadas. En los anuncios televisados estoy cansado de ver anuncios en los que una mujer se deshace en lágrimas porque la ropa que ha lavado no está tan limpia como la de su vecina, o porque no ha usado un detergente que le habría quitado la suciedad al cuello de la camisa de su esposo. Estos anuncios presentan a las mujeres como las lavanderas de la sociedad, mientras que los anuncios que presentan hombres los muestran haciendo las cosas responsables e importantes de la vida.

Por fortuna, cada vez se está presentando más a las mujeres en papeles de liderazgo y de responsabilidad social. Los anuncios están cambiando a fin de reflejar unos papeles modelo más positivos para las mujeres. Esto las anima a pensar en profesiones que en el pasado estaban reservadas únicamente a los hombres.

10

La mujer, el trabajo y el feminismo

Ayudar a la mujer a establecer una identidad positiva que no dependa de las disposiciones y las actitudes de su esposo es lo que ha tratado de hacer el movimiento feminista. El medio primordial para lograr esta identidad consiste en dedicarse a una profesión fuera de su hogar. Las feministas han alentado a las mujeres a tomar posiciones en las profesiones, de manera que su sentido de valor propio y su éxito puedan proceder de sus propios logros, y no de los logros de su esposo.

En otros tiempos, la razón primaria por la que una mujer trabajaba fuera de su hogar era que necesitaba complementar la economía de la familia. Ciertamente, con la inflación como está, es posible que una esposa tenga que salir a trabajar, sólo para que alcance el dinero. Sin embargo, el movimiento feminista sugiere que las profesiones van a ayudar a las mujeres a crearse una identidad personal positiva. Esta sugerencia ha presentado una serie de problemas muy serios.

El regreso

Muchas mujeres se enfrentan a serias tensiones emocionales cuando luchan a lo largo de lo que se ha denominado *el problema del regreso.* Durante décadas han vivido en un ambiente protegido que les servía de escudo contra las luchas de la competencia en el mundo de los negocios. En muchos casos, ha sido su esposo el que ha tomado la mayoría de las decisiones importantes para el buen manejo de la familia.

La mujer que se decide a abandonar la seguridad de su protector ambiente doméstico y aventurarse en un ambiente de competencia profesional podría encontrarse amenazada en extremo. El movimiento feminista ha tratado de ayudar a estas mujeres, proporcionándoles cursos de capacitación en la afirmación de sí mismas, programas de regreso y seminarios. Estos programas son pensados para ayudar a las mujeres a descubrir de nuevo su capacidad para entrar en la competencia.

Muchas mujeres tuvieron empleo en los primeros años de su matrimonio, pero lo dejaron al llegarles la maternidad. Después de varios años como amas de casa, les atemoriza la idea de regresar al mundo del negocio y de la industria.

Hace varios años, mi esposa pasó por el proceso de solicitar empleo en una compañía publicitaria. Me contó lo incómoda que se sentía cuando fue a entrevistarse con la directora del departamento de personal. El pulcro profesionalismo de aquella joven hizo que mi esposa se sintiera inepta e inadecuada. Muy bien podría ser que la juvenil arrogancia de aquella directora de personal sólo fuera un intento por cubrir sus propios sentimientos de inferioridad; no obstante, hizo que mi esposa se sintiera tan mal con respecto a sí misma, que llegó a casa llorando. Es obvio que mi esposa necesitaba fortalecerse si iba a regresar para intentarlo de nuevo. (Debo apresurarme a observar que los sentimientos amenazados de mi esposa no tenían nada que ver con su capacidad. Posteriormente entró en la venta de bienes raíces y disfrutó de grandes ganancias en el primer año.)

El movimiento feminista ha luchado por proporcionar grupos de apoyo formados por mujeres que están pasando por la experiencia del regreso. Estos grupos de apoyo permiten que las mujeres se animen unas a otras, y por tanto, facilitan el proceso de regreso.

1. Levantar el nivel consciente y adiestrar la afirmación personal. No me cabe la menor duda de que las iglesias deben trabajar por ayudar a las mujeres a enfrentarse con los problemas de hoy. A los cristianos se les exhorta a "sobrellevar los unos la carga de los otros, y cumplir así la ley de Cristo" (ver Gálatas 6:2). Creo que todas las iglesias debieran formar un grupo para levantar el nivel consciente, donde las mujeres puedan dar a conocer sus temores y aspiraciones con otras que las comprendan y les den ánimo.

Es importante que existan este tipo de grupos dentro de una comunidad de creyentes, de manera que las mujeres no sean seducidas por unos sistemas de valores anticristianos. Las mujeres cristianas deben aprender a reafirmarse a sí mismas sin odiar a aquellos hombres arrogantes que en el pasado las han humillado y le han puesto obstáculos a su progreso. Las mujeres necesitan aprender a reafirmarse sin volverse hostiles contra los hombres como grupo. Se las debe animar a reafirmarse sin tomar la destructiva agresividad que con demasiada frecuencia ha formado parte del estilo de vida profesional del varón.

2. Una imagen positiva para la madre que trabaja. Las iglesias pueden también ayudar a las mujeres que se enfrentan al problema del regreso, proporcionándoles una enseñanza que les dé una imagen positiva de su propia persona. He oído con notable frecuencia sermones que le echan la culpa de la mayoría de los males de nuestra sociedad al hecho de que una proporción importante de mujeres tienen un empleo lucrativo fuera de su hogar. Hay muchos predicadores mal informados que asocian con demasiada facilidad el uso de drogas, la delincuencia juvenil, el embarazo de las adolescentes y otros problemas sociales al hecho de que muchas mujeres forman parte de las fuerzas trabajadoras en el presente.

Es cierto que todos los niños tienen el derecho de encontrar a uno de sus padres en la casa, esperándolos al final del día escolar, pero no tiene por qué ser la madre. Lo importante es que uno de los padres debe estar allí para saludar al niño, enjugar sus lágrimas si el día ha sido malo, servirle la tradicional merienda y supervisar sus actividades durante el resto de la tarde. En muchos casos, cuando tanto el padre como la madre trabajan, es posible que descubran que el padre tiene más facilidad para estar en la casa y recibir a los niños.

Los sociólogos han hecho cuidadosos estudios que señalan que en muchos casos, una madre que tiene un empleo fuera del hogar puede ser mejor madre. Si una mujer encuentra que ser ama de casa es una vocación que no la satisface, es mejor que se busque un trabajo que le ofrezca satisfacción emocional. Es posible que su casa no esté tan limpia como una casa atendida por un ama de casa dedicada sólo a ella, pero no es una casa perfectamente limpia lo que garantiza unos hijos felices y bien adaptados.

Otto Pollack, quien fuera profesor de estudios familiares en la Universidad de Pensilvania, sugiere que muchas mujeres que son amas de casa sienten desprecio por la atención de la casa y están llenas de resentimiento porque se sienten atrapadas en este papel por circunstancias que no pueden controlar. Es posible que supriman este resentimiento de manera inconsciente, pero aun así, se va a manifestar de muchas maneras sutiles y no verbales. Los niños, que son mejores que los adultos para captar las señales de comunicación no verbal, leen este resentimiento en su mamá y se sienten profundamente afectados por él. Pollack sugiere que la captación de este resentimiento materno crea perturbaciones emocionales en los niños, y tiene por consecuencia una diversidad de problemas que salen a la superficie más tarde en la vida.

Según Pollack, es mejor que las mujeres encuentren su realización en profesiones fuera del hogar, en lugar de comunicarles resentimientos reprimidos a sus hijos. Es más importante que el hijo llegue al hogar para encontrar a una madre feliz, que para encontrar una casa inmaculadamente cuidada.

Muchas iglesias están adquiriendo un concepto más claro acerca de las mujeres que trabajan fuera del hogar. Algunas veces organizan guarderías y escuelas de párvulos para ayudar a las mujeres que tienen trabajos en negocios o industrias. Estos centros privados para el cuidado de niños se han hecho cada vez más necesarios, porque han ido cerrando una serie de centros pagados por el gobierno.

Los estudios más recientes señalan que algo más de la mitad de los niños de los Estados Unidos crecen en el presente en hogares con uno solo de los padres. Por lo general, se trata de la madre. Aunque nos gustaría que la situación fuera otra, sigue siendo cierto el hecho de que hay millones de madres que trabajan fuera de su hogar y necesitan la ayuda de iglesias que se preocupen por ellas.

Expectativas de vida de las mujeres y su identidad

Una situación muy evidente que surgió a principios del siglo veinte debió estimularnos para proporcionarles adiestramiento y ánimo a las mujeres que deseen tener una ocupación distinta a la de ser ama de casa. Esta situación es el aumento en la expectativa de vida de la mujer, que en la actualidad es de setenta y cinco años. Por consiguiente, hay en su vida un prolongado período después que sale del hogar el último de los hijos.

En siglos pasados, las mujeres se casaban relativamente muy jóvenes y de inmediato comenzaban a tener hijos. El último de los hijos dejaba el hogar cuando la madre se acercaba a los cincuenta años de edad. Puesto que, por lo general, ella no vivía mucho tiempo más, criar a los hijos se convertía en una razón primordial para su existencia.

En el mundo de hoy, la mujer promedio tiene dos hijos, que ya están fuera de casa cuando ella llega a los cuarenta y cinco años. ¿Qué va a hacer con sus últimos treinta años? Si sólo se considera una madre, esos treinta años se pueden volver vacíos y carentes de sentido. Esto es lo que ocurre cuando la mujer se divorcia de su esposo, se separa o queda viuda más tarde.

Las iglesias debieran estar animando a las mujeres a prepararse para profesiones que les proporcionen significado y realización en esos últimos años. En lugar de esto, muchas iglesias insisten en que "el lugar de la mujer es el hogar", como si se tratara de un principio prescrito por la Biblia. En realidad, en la Biblia no hay nada que exija que una mujer se limite al papel de ama de casa. En los tiempos de la Biblia, las mujeres araban los campos, plantaban viñedos y trabajaban en la plaza del mercado.

Las feministas alegan que una mujer que no tenga otro medio de afirmar su identidad, más que el proporcionado por su esposo, se halla en una posición precaria desde el punto de vista emocional. Si su esposo la juzga de manera negativa, y ella sigue aún tratando de cumplir con el papel que la tradición le ha asignado, se va a hallar psicológicamente devastada. Las feministas señalan que hay pocas personas tan dignas de lástima como las mujeres casadas con un hombre que muestra poco o ningún aprecio por lo que ellas son y hacen.

Sé de una mujer con cinco hijos, cuyo esposo se interesó románticamente en otra mujer. A medida que se desarrollaba esta aventura fuera del matrimonio, él la iba tratando a ella con una dureza cada vez mayor. Hacía observaciones denigrantes sobre la forma en que cuidaba de la casa, se quejaba de la calidad de la comida cada vez que se sentaba a la mesa, criticaba su forma de criar a los niños y hacía observaciones sarcásticas sobre su capacidad de actuación sexual. Todo el concepto que ella tenía de sí misma estaba atado al concepto que él tuviera sobre ella; sólo él era la persona importante en su vida, y cuando comenzó a definirla de una forma negativa, ella fue desarrollando una imagen de sí cada vez más pobre. Hacía un esfuerzo extraordinario por hacerle cosas especiales, y después esperaba alguna reacción positiva. Lo lamentable es que él ya había decidido que no le iba a gustar nada de lo que ella hiciera. Por último, logró convertirla en una mujer servil y humillada, que se consideraba a sí misma como un ser totalmente inferior.

Esta mujer terminó uniéndose a un grupo para levantar el nivel consciente, con algunas feministas que la ayudaron a darse cuenta de que, en realidad, era una persona excelente. Cuando terminó sus estudios universitarios y se convirtió en trabajadora social en una escuela secundaria, su imagen de sí misma mejoró de manera notable. Una vez más se le notaban aires de gozo. Su matrimonio seguía siendo un fracaso, pero ya no la destrozaba, como lo había hecho antes. La adaptación social de sus hijos mejoró mucho, y comenzaron a tener más éxito en su trabajo escolar.

Lo que me sorprendió fue que su pastor la condenó por no quedarse en casa a cuidar de sus hijos; hasta llegó a insertar cínicas observaciones sobre personas así dentro de sus sermones. Ella terminó por marcharse de la iglesia.

La iglesia tendría que haberle proporcionado a esta mujer el tipo de ayuda que le dio el grupo feminista. Una iglesia que esté preparada para proporcionar este tipo de servicios, tendrá capacidad para hacer un trabajo mucho mejor. Lamentablemente, las feministas animaron a esta mujer a odiar a su esposo. La iglesia le habría podido enseñar a convertirse en una persona realizada, sin odiar a nadie.

Madres de hijos rebeldes

La mayoría de las madres asocian su sensación de éxito o de fracaso con lo que llegan a ser sus hijos. Lo lamentable es que hay muchos hijos que se echan a perder su propia vida o no llegan a la altura de sus posibilidades. En estos casos, los padres, y en especial la madre, tienen la tendencia a aceptar toda la culpa. Además, siempre hay algún líder majadero en la iglesia que les dice farisaicamente: "Instruye al niño en su camino, y aun cuando fuere viejo no se apartará de él" (ver Proverbios 22:6).

Yo sería el último en sugerir que los padres no ejercen una influencia muy importante en el desarrollo de sus hijos. No obstante, en la sociedad de hoy, es posible que los padres no constituyan la influencia decisiva. Los sociólogos señalan que en los primeros años de escuela, es posible que los valores, la orientación y el estilo de vida de los maestros sean los factores condicionantes de mayor importancia en la vida de muchos niños.

A través de los años de adolescencia, el grupo de sus iguales podría convertirse en el factor más importante en la formación de su personalidad. Algunos padres encuentran que, a pesar de todo cuanto hacen por educar a sus hijos en el conocimiento y la admonición del Señor, esos hijos escogen amigos cuyo estilo de vida es opuesto a los valores cristianos. Es posible que los padres hagan su mejor esfuerzo por poner a sus hijos en contacto con personas jóvenes que a ellos les parece que tendrían una influencia más positiva, sólo para descubrir que a sus hijos no les interesan para nada esos jóvenes más sanos.

Cuando una madre haya hecho y dicho todo lo que puede, y les haya dado a sus hijos el mejor ejemplo posible, debe aprender a resignarse al hecho de que sus hijos son personas con libre albedrío. Ellos son muy capaces de rebelarse contra todo lo que ella es y defiende. Moldear a los hijos no les es tan fácil a los padres como alguna gente piensa. Las madres no deben condenarse demasiado a sí mismas cuando fracasan sus hijos. Necesitan recordar que incluso María, la madre de Jesús, tuvo otros hijos que no creían en el Cristo.

Predigo que la próxima década presenciará una rebelión de los padres contra una sociedad que los ha hecho responsables con toda dureza por la conducta de sus hijos. El comentario de que "no hay hijos delincuentes, sino sólo padres delincuentes" carece de fundamentos desde el punto de vista científico, y ha creado demasiadas sensaciones de culpabilidad innecesarias en demasiadas madres humildes.

Advertencias acerca del movimiento feminista

Hay varias advertencias a las que deben prestar atención las mujeres cristianas al enfrentarse con los retos y las promesas del movimiento feminista.

1. Ser ama de casa es algo que tiene valor. Ninguna mujer se debe dejar engañar con la idea de que ser ama de casa es tener una labor poco valiosa e inferior. Aunque haya algunas mujeres a las cuales esta labor les dé muy poca realización emocional, se debe observar que para muchas mujeres atender a la casa y cuidar de los hijos es un trabajo a tiempo completo y les proporciona toda la gratificación emocional que ellas habrían podido desear. Aunque apoyo a las que consideran que su realización personal exige un escape de las tareas de la casa como trabajo de tiempo completo, también les quiero dar ánimos a aquellas mujeres que las consideran un llamado alto y santo. Aunque una mujer no se debiera sentir obligada a ser ama de casa a tiempo completo sólo en virtud de su identidad sexual, sí se debe sentir libre para escoger de manera deliberada este papel, si cree que es la vocación a la que Dios la ha llamado.

Es demasiado frecuente en las feministas exagerar su clamor de liberación de las expectativas tradicionales en cuanto al trabajo, haciendo que las mujeres que disfrutan de ese estilo de vida prescrito por la tradición se sientan culpables y avergonzadas, porque todo cuanto quieren hacer, es ser buenas amas de casa. Abogo por la libertad para que la mujer siga la orientación que le dé el Espíritu Santo, de manera que se dedique a la vocación que Dios ha querido para ella. Oro para que las mujeres puedan disfrutar de ese éxtasis que sienten aquéllos que tienen la sensación de que el trabajo que realizan en su vida es importante y dispuesto por Dios.

2. *El mundo del trabajo tiene sus problemas.* Se les debe advertir a las mujeres que no caigan en las mismas trampas que han atraído a los hombres en la dedicación a su profesión. Con demasiada frecuencia, se ha inspirado a las mujeres de casi cuarenta años a regresar al trabajo fuera de casa, sólo para descubrir que las oportunidades de tener un empleo son escasas, y las posibilidades de ascenso limitadas.

Muchas mujeres han vuelto a la universidad con el fin de obtener las credenciales necesarias para alguna posición de prestigio. Han trabajado día y noche para mantener su hogar en buen estado, al mismo tiempo que trataban de graduarse; y el sueño que las ha mantenido en este esfuerzo es el de que algún día tendrían una posición respetable y serían capaces de ganarse la vida con tranquilidad. Aunque sea lamentable, muchas de estas mujeres, después de graduarse, han descubierto que estaban entrando en un mercado de trabajo atascado de profesionales. Así, se han quedado enojadas ante su imposibilidad de conseguir un trabajo "emocionante".

Muchos sociólogos insisten en que nuestra población reúne con mucho los requisitos necesarios para los tipos de trabajo que están disponibles. Hay un exceso de gente para los puestos en los campos de la educación, los servicios sociales y las comunicaciones, mientras que nuestra sociedad tiene necesidad urgente de mecánicos, dibujantes de planos y obreros. Cuando la mujer deja el papel de ama de casa, entra en un mundo vocacional en el que hay grandes riesgos.

3. *Es posible que la familia no apoye.* Es posible que a la mujer se le haga larga y difícil la tarea de conseguir que los otros miembros de

su familia acepten su legítimo derecho a seguir una profesión que la haga sentir triunfadora. Aunque la animen con sus palabras, no van a estar dispuestos a dejar la fácil vida que la atención a tiempo completo a la casa por parte de la mujer les ha estado proporcionando. Seguirán esperando que ella lave la ropa y los platos, limpie la casa y haga todas las demás cosas que siempre ha hecho. Están dispuestos a reafirmarla en sus nuevas aspiraciones profesionales, siempre que ella siga realizando todas aquellas tareas que se han asignado tradicionalmente a las mujeres.

Con demasiada frecuencia, el esposo de una mujer que trabaja fuera llega al hogar al final del día, se sienta en un cómodo sillón y le dice: "¡Qué día tan duro he tenido! ¿Cuándo está lista la cena?"

Ella se siente con ganas de gritarle: *Yo también he tenido un día difícil. Nadie me está haciendo la cena a mí. ¿Por qué no vienes a ayudarme?*

Los esposos y los hijos necesitan reconocer su responsabilidad de compartir el trabajo dentro del hogar cuando la madre sale y se consigue un empleo. Necesitan ver que ella no puede pasar por un cambio de papel sin que todos ellos experimenten al mismo tiempo un cambio en su estilo de vida. Con toda probabilidad, va a hacer falta mucha reeducación para capacitar a las familias típicas a pasar por este período de transición.

4. *La profesión no da identidad.* Las mujeres necesitan comprender que su identidad no debe estar atada de una manera definitiva a su empleo profesional. De lo contrario, ellas, como muchos hombres, se sentirán amenazadas con una pérdida de identidad cada vez que por una u otra razón queden sin trabajo. Sólo aquellas personas que obtienen su identidad a través de su relación con Dios son capaces de enfrentarse a las amenazas y los golpes que forman parte de la vida.

Cuando una persona reconoce a Dios como la persona más importante de su vida, entonces define su propio valor en función de su relación con Él. Cuando alguien llega a amarse a sí mismo de la misma forma en que lo ama Jesús, no hay quien le quite su sentido de valor con respecto a sí mismo, por mucho que haga el mundo. Si es fiel a su llamado divino, una sensación de éxito inundará su vida, aunque el mundo lo clasifique como un fracasado.

11

LOS SOLTEROS Y EL ÉXITO

Uno de los símbolos del éxito en nuestra sociedad es una familia feliz. Tratamos de convencer al mundo de que nuestra familia es más importante que todo cuanto podamos lograr en el desempeño de nuestra profesión. Nos gusta decir que el dinero, la fama y el poder no tienen sentido alguno, a menos que nuestra familia sea feliz. Afirmamos que nuestro empleo sólo es un medio de proporcionarles el bienestar a nuestros seres amados.

Aunque toda esta retórica sea grandilocuente, el estilo de vida de muchas personas contradice sus palabras. Si no, ¿cómo podemos explicar el hecho de que el padre trabaje tantas horas para conseguir el ascenso que anhela, y descuide con frecuencia a su familia? ¿Cómo explicar entonces los incontables matrimonios cuya persecución de los símbolos del éxito los deja demasiado agotados para tener ningún tipo de relaciones íntimas? ¿Cómo explicar entonces los numerosos jóvenes que, sintiendo que no llegan a la altura de las expectativas de sus padres, caen en un profundo estado de depresión y buscan escape en la entrega a un estilo de vida que va contra la cultura?

Aunque sean pocas las personas que lo admitan abiertamente, su éxito personal suele ser más importante que su familia. No obstante, una compañera atractiva y brillante y unos niños encantadores son unos objetos de adorno necesarios para la persona triunfadora. William Whyte Jr., en su libro *The Organization Man* ["El hombre de la organización"], alega que con mucha frecuencia los padres quieren que sus hijos triunfen, en primer lugar por la forma en que ese éxito se va a reflejar en ellos. Whyte sugiere que el padre que grita para animar a su hijo en un juego no está tan preocupado por el deleite que le cause al muchacho el anotarse un tanto, como por la forma en que los éxitos de ese hijo se van a reflejar en él. Espera con ansias la oportunidad para poder alardear sobre él la próxima vez que alguien le pregunte: "¿Qué tal van sus hijos?"

Para un hombre, la familia se convierte a menudo en un medio primario de exhibir sus logros. ¿Cómo le puede demostrar al mundo que ha triunfado si no le provee a su familia un buen hogar, excelente educación para sus hijos, y todas las demás cosas que los medios de comunicación sugieren que debe poseer toda buena familia?

La soltería es desilusionante

Todo esto deja a la persona soltera en una posición muy amenazada. Si las personas que triunfan tienen un matrimonio feliz, viven en una casa de un barrio distinguido y tienen hijos encantadores que van a los campamentos, entonces, ¿cómo puede tener éxito una persona soltera? Por mucho poder que adquiera, muchas riquezas que acumule y mucho prestigio que tenga dentro de su profesión, si la persona no se ha podido casar, se convierte en objeto de compasión.

Todos hemos observado con cuánta desilusión hablan los padres de sus hijos solteros. Aun en el momento en que nos hablan de la hija que se ha graduado de cirujano, o el hijo que es un notable abogado, estamos conscientes de que estarían más felices si sus hijos fueran casados, aunque no fueran tan importantes en la sociedad. Los padres hacen que los hijos se sientan culpables por no darles nietos. Pocos profesionales solteros pueden evadir el hecho de que, a pesar de todo lo que han logrado, han desilusionado a sus padres de una manera muy esencial.

Los solteros deben enfrentarse continuamente a los amigos que están tratando de arreglarles un matrimonio. Estos amigos creen que ésta es la mejor manera de "ayudar" al soltero. Raras veces les pasa por la mente que la soltería pudiera ser una forma de vida que ellos hubieran escogido.

En nuestra sociedad se hace sentir fracasados a los solteros. Los padres están desilusionados con ellos y los amigos les tienen lástima. La sociedad en general se avergüenza de su presencia. Si hay una cena, es para matrimonios. Cuando invitamos a una persona soltera, por obligación o por bondad, generalmente buscamos un compañero del sexo opuesto, de manera que los dos puedan ser más aceptables en sociedad como pareja. La iglesia está tan orientada hacia la vida de familia, que no sabemos qué hacer con esta gente "sobrante". La iglesia organiza clubes de matrimonios, conferencias sobre la vida familiar y clases de escuela dominical para casados, pero son pocas las actividades para los solteros.

En algún que otro lugar, las iglesias han tratado de corregir esta situación, comenzando grupos de adultos solteros. Algunas veces, estas reuniones les proporcionan una buena salida social. Sin embargo, algunos grupos parecen tener la meta de reunirlos para casarlos. Muchos solteros afirman que estas actividades los dejan deprimidos, porque corre por todo el grupo sin necesidad de palabras una conciencia general de que "son unos fracasados".

Soltero por propia determinación

Lo que se nos hace difícil entender a muchos es que la soltería puede ser una forma de vida escogida por la persona. El apóstol Pablo enseñó que los solteros estaban más libres para servir a Dios que los casados. Al respecto, señaló que la persona casada siente que sus lealtades están divididas entre lo que agrada a Dios y lo que es necesario para agradar al cónyuge de uno. Cuando llegan los hijos, el problema se vuelve más complejo. Toda decisión que toma uno de los padres acerca de la manera de vivir, y dónde trabajar, o comprar una casa, está condicionada por la forma en que va a afectar a los hijos. Pablo escribe:

> Quisiera, pues, que estuvieseis sin congoja. El soltero tiene cuidado de las cosas del Señor, de cómo agradar al Señor; pero el casado tiene cuidado de las cosas del mundo, de cómo

agradar a su mujer. Hay asimismo diferencia entre la casada y la doncella. La doncella tiene cuidado de las cosas del Señor, para ser santa así en cuerpo como en espíritu; pero la casada tiene cuidado de las cosas del mundo, de cómo agradar a su marido.

1 Corintios 7:32-34

Yo he podido palpar el conflicto por el que pasan las personas que quieren llevar una vida sacrificada para Dios, y al mismo tiempo desean proporcionarle a su familia una buena vida. Personalmente, yo también he sentido convicción al examinar mi cómodo estilo de vida suburbano. Creo que me mudaría a una situación más modesta donde pudiera compartir mi suerte con la gente oprimida, si no fuera por el hecho de que estoy casado y tengo hijos. Cuando pienso en mudarme a un lugar que exigiría una vida sacrificada, tengo que preguntarme: "¿Estaría segura mi familia en una situación así? ¿A qué clase de escuela tendrían que asistir mis hijos?" Sé que muchos misioneros se preocupan por el bienestar de sus hijos cuando tratan de decidir si van a servir al Señor en alguna nación atrasada del mundo. Habiendo observado lo que les ha sucedido a un buen número de hijos de misioneros, estoy convencido de que en muchos casos, habría sido mejor que estas personas no hubieran tenido hijos, o no se hubieran ido al campo misionero. He visto demasiados jóvenes cuya adaptación psicológica ha sido difícil, porque sus padres los han criado en lugares remotos.

Solteros y ministrando

Es hora de que los cristianos reconozcamos que la Biblia presenta en realidad la soltería como el estado preferido. Pablo exhortaba a los creyentes a permanecer solteros si les era posible: "Quisiera más bien que todos los hombres fueran como yo; pero cada uno tiene su propio don de Dios, uno a la verdad de un modo, y otro de otro. Digo, pues, a los solteros y a las viudas, que bueno les fuera quedarse como yo; pero si no tienen don de continencia, cásense, pues mejor es casarse que estarse quemando" (1 Corintios 7:7-9).

He escuchado las razones que dan los teólogos y eruditos bíblicos para afirmar, a pesar de estos versículos, que el matrimonio es el estado preferido para el creyente. Personalmente, me parece que estas teologías son ideas que evaden una verdad bíblica evidente. El estilo de vida ideal para los cristianos fue dispuesto por Uno que fue soltero.

A la luz de esto, la gente me pregunta con frecuencia: "Entonces, ¿por qué es usted casado?" Soy casado, porque necesito serlo. No podría ni pensar en vivir sin mi esposa. Ése es precisamente el concepto que está tratando de presentar el Apóstol: hay algunas personas que tienen que estar casadas; pero si usted va a servir a Jesús en lugares difíciles, es mejor que sea soltero. El cristianismo debiera elogiar de una manera especial a aquéllos que deciden permanecer solteros a fin de servir a Cristo con mayor eficacia. En lugar de clasificarlos como fracasados, como hacemos con sutileza, debiéramos estar apoyando a estas personas solteras como los seguidores de Jesucristo con más éxito.

Solteros y desdichados

Hay personas que son solteras sin haberlo decidido ellas. Les gustaría estar casadas, y se sienten muy frustradas porque no han podido encontrar a un miembro del sexo opuesto que pueda ser un compañero deseable. Conozco cristianos que se habrían podido casar si hubieran estado dispuestos a aceptar compañeros que no tenían sus convicciones cristianas. Con todo, decidieron adherirse a la advertencia de las Escrituras de que no se unieran en yugo desigual con los no creyentes (ver 2 Corintios 6:14).

Aun así, estas personas se sienten echadas a un lado, porque los otros cristianos han encontrado su cónyuge. Se preguntan por qué ellos no han sido tan afortunados, y es posible que estén reprimiendo la envidia cada vez que ven a sus amigos casados.

Algunos adultos solteros pasan por períodos en que ponen seriamente en duda su propio valor como personas, y se preguntan: "¿Qué me pasa?" "¿Por qué la gente no me halla atractiva?" "¿Por qué he fracasado así?"

Este tipo de preguntas los pueden inmovilizar, dejándolos en un estado de depresión. Tienen que enfrentarse al desagradable hecho de que nuestra sociedad se especializa en la superficialidad. Las afirmaciones como la de que el aspecto externo no lo es todo, no alivian la angustia de las personas que sufren el rechazo porque no tienen una cara o una figura que atraiga a los miembros del sexo opuesto.

¿Es una fuente de consuelo reconocer que Jesús busca una belleza interna que no esté condicionada por los criterios prescritos por la cultura con respecto a la atracción física? Una dama soltera que es buena amiga mía, exclamaba: "Encuentro poco consuelo en saber que Jesús piensa que soy hermosa, cuando ninguno de los hombres que me caen bien piensa que lo soy."

Quisiera poder decir palabras que la hicieran sentir mejor. Hay hombres con el suficiente sentido común para ver la belleza de su corazón, y es mi esperanza y mi oración que se encuentre con uno de ellos.

Algunas personas consideran su soltería como un fracaso de Dios. Me han preguntado: "¿Por qué Dios me ha abandonado así? ¿Por qué no hizo planes para que yo tuviera un esposo? Si es verdad que el matrimonio baja del cielo, ¿por qué no me envió uno a mí?"

No me las doy de conocer lo que hay en la mente de Dios, ni soy capaz de captar la forma en que se realiza su voluntad en el mundo. Lo que sí quiero señalar es que Dios no manipula a las personas como si fueran autómatas. Él no hace que la "persona correcta" se case con otra "persona correcta". Lo que Dios haya podido planificar antes de la fundación del mundo está muy por encima de mi conocimiento. Lo que sí sé es que no siempre lo que Él ha planificado para nosotros es lo que nos sucede.

El apóstol Pablo no habló de la elección de compañero como si fuera resultado del trabajo de alguna computadora celestial con un programa para formar parejas. La manera en que él describe cómo una persona debe buscar su cónyuge es casi informal. Parece decir que uno se casa porque le gusta alguien, y le parece correcto casarse con ese alguien que le gusta. Creo que hemos llegado a echarle las culpas de demasiadas cosas a Dios. El que alguien se quede solo en el mercado matrimonial no debiera ser una de ellas.

Solteros y valiosos

Los que no han escogido ser solteros, pero se encuentran en esa situación, pueden tomar una serie de cursos de acción para mejorar sus sentimientos con respecto a su propio valor. Muchos solteros compensan el no estar casados con el logro de un éxito mayor en su esfera profesional. Al maestro soltero le es más posible dedicarles tiempo y atención a los estudiantes que al maestro casado. El erudito soltero puede alcanzar en la investigación una serie de éxitos que compensarán de sobra el hecho de que no sea casado. Ciertamente, muchas personas han tomado su soltería para convertirla en algo valioso, en lugar de una carga.

Solteros en comunidad

Ha comenzado a surgir un estilo de vida muy interesante y esperanzador para los solteros: la comunidad cristiana. Una iglesia presbiteriana de mi vecindario ha animado a algunos grupos de solteros a comprar casas y vivir juntos como familias. Seis mujeres, siguiendo el consejo del pastor, han fundado un hogar así. En otra casa, cuatro hombres han adoptado el mismo plan. Estas personas están descubriendo que su soledad ha desaparecido. Tienen el apoyo emocional de personas que se han comprometido con ellos, y nunca les faltan compañeros con quienes compartir la vida social. He visto la forma en que estas personas disfrutan de su compañía mutua en las vacaciones y los días festivos. Creo que la opción que han escogido, no sólo es buena, sino que también es una opción que Dios desearía.

La individualidad que nos obliga a vivir solos es una de las dimensiones del mundo moderno, y no un producto de las enseñanzas bíblicas. Creo que la vida cristiana estaba pensada para vivirla en comunidad, y que, al establecer su comunidad, estos solteros se están aproximando con mayor plenitud a la voluntad de Dios. No quiero decir con esto que no se pueda ser cristiano si se vive solo, pero sí digo que, como cristiano, nadie debiera tener el deseo de vivir solo.

El cristianismo es un estilo de vida donde uno comparte y se entrega a sí mismo. Muchos cristianos están descubriendo que la vida en comunidad es una de las mejores maneras de poner en acción estos imperativos.

Cuando hablo con solteros, veo que uno de sus temores más corrientes es el de enfrentarse solos a los últimos años de su vida. Los solteros que desarrollan una comunidad donde hay un profundo compromiso que une a los miembros, quedan libres de esta ansiedad.

Los solteros y la sexualidad

En nuestro esfuerzo por comprender lo que enfrentan los solteros al vivir en un mundo que tiende a considerar la soltería como un fracaso personal, necesitamos tener en cuenta el tema de la sexualidad en su relación con ellos.

James H. S. Bossard, mi profesor de sociología en la Universidad de Pensilvania, decía que a la gente se la ha timado, haciéndole creer que nadie se podrá realizar nunca como persona, a menos que lleve una vida sexual activa. De hecho, algunos seguidores de los psicólogos Masters y Johnson sugieren que las relaciones sexuales placenteras son un requisito previo para sentirse realizado como ser humano.

He leído a varios escritores cristianos que aprueban la masturbación como un medio para que las personas solteras adquieran una sensación de plenitud sexual. Estos escritores sugieren que dicha forma de conducta no es contraria a la voluntad de Dios, y que los cristianos solteros deben superar la culpa que han asociado por tanto tiempo a dicha práctica.

Desde un punto de vista sociológico, hay algunas cosas que nos hacen poner en tela de juicio esta práctica. Los expertos en ciencias sociales han aprendido que la mayoría de las personas fantasean mientras se masturban. Tienden a imaginarse a sí mismas en una relación sexual con personas atractivas. Una mujer, mientras se masturbaba, solía fingir que tenía una relación sexual con un antiguo novio que se había casado con otra mujer. Quería saber si lo que ella estaba haciendo era una forma de adulterio. La perturbaban las enseñanzas de Jesús, quien dijo: "Oísteis que fue dicho: No cometerás adulterio.

Pero yo os digo que cualquiera que mira a una mujer para codiciarla, ya adulteró con ella en su corazón" (Mateo 5:27, 28).

Otro dato que comprenden en la actualidad algunos de estos expertos en ciencias sociales es que el anhelo de tener un orgasmo declina en las personas que dejan de tenerlo. Mientras con menos frecuencia tenga orgasmo una persona, con menos frecuencia estará deseando tener uno. Lo contrario también es cierto. Mientras más se dedique una persona a actividades que la conduzcan al orgasmo, más intenso se volverá el deseo.

Con toda probabilidad, la persona soltera que no se dedique a actividades sexuales que la conduzcan al orgasmo, no va a vivir con un alto nivel de frustración.

El divorcio

El divorcio es un fracaso. Una pareja que pasa por el divorcio se da cuenta de que nada de cuanto había esperado en el momento de su boda se ha convertido en realidad.

Una persona que pasa por un divorcio se suele sentir culpable, y pasa por una intensa autoevaluación en un intento por determinar su parte de responsabilidad en lo que ha sucedido. Todo aquél que busque una razón para culparse a sí mismo por un matrimonio destruido, no hay duda alguna de que la hallará. En todos los matrimonios, los cónyuges hacen y dicen cosas que hieren la relación. Si fracasa el matrimonio, la culpa asociada con esa conducta se puede volver desmesurada.

1. La condenación propia. Hay personas, por lo general con un fondo cristiano, que tienen una tendencia enfermiza a condenarse a sí mismas. Han sido educadas en la actitud de no encontrar faltas en los demás cuando las cosas van mal, sino preguntarse siempre: "¿En qué fallé yo? ¿Qué hice mal?"

El divorcio hace que la persona que tiende a condenarse en exceso a sí misma llegue a la conclusión de que es totalmente responsable por lo sucedido y se clasifique a sí misma como un fracaso. La autoestima de esa persona desciende a un nivel tan sin paralelo, que se le hace difícil superar sus sentimientos de carencia total de valor.

Si la persona divorciada ha sido abandonada o rechazada por su cónyuge, esos sentimientos de carencia de valor se vuelven más intensos aún. Es posible que esta persona se llegue a sentir totalmente detestable e indigna de que nadie le preste atención alguna, o se preocupe por ella. Una señora que conozco, cuyo esposo la abandonó con tres hijos para seguir a una mujer que trabajaba con él en la oficina, me dijo con toda claridad que pensaba que el divorcio era totalmente culpa suya. "Al fin y al cabo", me dijo, "no había por qué esperar de él que se quedara con una mujer tan poco atractiva como yo. Soy una persona tan torpe, que no es de extrañarse que me haya dejado."

2. *La crianza de los hijos.* La persona divorciada que se queda con hijos que criar sólo tiene el problema más complicado que otras. Al salir de un matrimonio que ha fracasado, el padre o madre en su soledad suele sentir la amenaza del temor de fracasar también en la crianza de sus hijos. Criar a los hijos es ya lo bastante difícil cuando cada uno de los padres tiene el apoyo de un cónyuge comprensivo; criarlos solo, puede llegar a parecer una tarea casi imposible.

Con gran frecuencia, la madre divorciada carece de medios económicos para llevar con éxito el hogar, porque el juzgado ha dispuesto unos pagos para el sostenimiento de los hijos que son demasiado limitados, o porque esos pagos ordenados por el juzgado aparecen muy raras veces. Es difícil no sentirse fracasado cuando se carece de los medios necesarios para proporcionarles un estilo de vida adecuado a los hijos. Además, tratar de ser madre y padre al mismo tiempo es algo que puede dejar a la persona totalmente exhausta, y por consiguiente, deprimida. La depresión causa una sensación de fracaso aún mayor, y distorsiona nuestra evaluación sobre nuestro valor personal.

Sólo como dato a tener en cuenta, los estudios sociológicos señalan de manera definitiva que los hijos criados por un padre o madre divorciado tienen una oportunidad igualmente buena de alcanzar un ajuste emocional y psicológico sano que un hijo criado en una familia intacta. Las estadísticas debieran bastar para convencer a los padres divorciados de que sus hijos no son seres extraños por haber sido criados por uno solo de sus padres.

3. *La Iglesia*. Las víctimas de los matrimonios fracasados son personas quebrantadas que necesitan que la iglesia las ayude a recobrarse. Sin embargo, no es raro que la iglesia, en lugar de proporcionarles parte de la solución a estas personas, se convierta en parte del problema. En ocasiones, hay miembros de las iglesias que aumentan los sentimientos de culpa por los que pasan los divorciados que tienen en su congregación. Es posible que lo hagan a base de actuar como si las personas divorciadas debieran haberse quedado junto a su compañero, cualesquiera que fueran las consecuencias, y a pesar del hecho de que es posible que su compañero no los haya querido junto a sí. Estos miembros dicen cosas como: "Se debió quedar con él, aunque sea por el bien de los niños, si es que no tenía ninguna otra razón."

Los estudios indican que, al contrario, ser criado por un solo padre divorciado le da a un niño una oportunidad mucho mayor de alcanzar el bienestar emocional y psicológico, que si se cría en lo que algunos expertos en ciencias sociales llaman "un matrimonio de cascarón vacío".

La Biblia no prohíbe el divorcio. Las Escrituras reconocen que un matrimonio se puede volver algo intolerable. "Pero a los que están unidos en matrimonio, mando, no yo, sino el Señor: Que la mujer no se separe del marido; y si se separa, quédese sin casar, o reconcíliese con su marido; y que el marido no abandone a su mujer" (1 Corintios 7:10-11).

Algunos eruditos bíblicos llegan a sugerir que es posible que el mismo apóstol Pablo haya pasado por el divorcio. Sabemos que era casado, puesto que era miembro del Sanedrín judío, y ser casado era requisito previo para ser miembro de aquel augusto cuerpo. Estos eruditos proponen que, después de su conversión, es posible que Pablo y su esposa se hayan separado, porque ella no pudo aceptar su forma de vida y sus creencias nuevas. Aunque esto sea especulación, hay quienes se preguntan si un matrimonio desdichado pudiera ser parte de la razón por la que Pablo elogiaba la soltería como un estado preferible.

4. *Casarse de nuevo*. La probabilidad de que una persona divorciada se vuelva a casar es relativamente alta. Es más frecuente que se case una persona divorciada que una persona soltera de la misma edad. Las iglesias están teniendo que enfrentarse cada vez más a la situación de que hay personas divorciadas y vueltas a casar entre sus miembros, y han tenido que reconocer que estas personas han dejado de ser casos aislados, para convertirse en una presencia corriente.

El problema que tienen la mayoría de los cristianos con respecto al divorcio parte de las enseñanzas explícitas de Jesús sobre el tema. "Así que no son ya más dos, sino una sola carne; por tanto, lo que Dios juntó, no lo separe el hombre." Cuando los discípulos le preguntaron acerca de eso, Cristo respondió: "Y yo os digo que cualquiera que repudia a su mujer, salvo por causa de fornicación, y se casa con otra, adultera; y el que se casa con la repudiada, adultera." (Mateo 19:6, 8).

Es difícil dejar de lado estos versículos si uno sostiene que la Biblia fue inspirada por el Espíritu Santo. Por eso es fácil ver por qué hay tantos cristianos que condenan de manera categórica a las personas divorciadas que se han vuelto a casar.

Desde el punto de vista más liberal sobre esta cuestión, hay muchos que sostienen que los cristianos debieran ser comprensivos con los divorciados vueltos a casar. Afirman que Jesús es el Señor de la segunda oportunidad; un Salvador que les ofrece a las personas tanto el perdón por sus errores, como una oportunidad para comenzar de nuevo.

Hay quienes sostienen que las prácticas sociales como el divorcio y las segundas nupcias se deben comprender a la luz de los tiempos en que fueron establecidas. En el mundo antiguo, una mujer divorciada solía quedar abandonada, sin medios de sostenimiento. Con frecuencia, tenía que recurrir a la prostitución para sobrevivir. El divorcio la despojaba de su dignidad y sus derechos, de manera que ningún cristiano sería capaz nunca de reducir a su cónyuge a una situación tan inhumana. Puesto que los tiempos y las condiciones han cambiado, dice el argumento, también debieran cambiar nuestros pronunciamientos acerca del divorcio.

Otros dicen que el divorcio sólo es un arreglo legal que le permite a la persona unirse a otro compañero, pero no la absuelve de la responsabilidad por el bienestar de su antiguo cónyuge hasta que la muerte los separe. Dicen que a pesar de que la persona se haya separado o divorciado de su cónyuge original, sigue teniendo la responsabilidad de velar porque esa persona no pase estrecheces económicas y debe seguirse preocupando por ella hasta el final de la vida. Afirman que cuando alguien cumple estas responsabilidades, ha cumplido con la intención fundamental de las enseñanzas de Jesús.

No creo que el problema se pueda resolver con tanta facilidad. Sin embargo, he aprendido a aceptar a mis hermanos divorciados y vueltos a casar como hermanos en Cristo. Aunque no animo a nadie a volverse a casar, no trato de juzgar a estas personas.

5. *Con principios, y comprensiva.* Creo que la Iglesia se ve en la obligación de aceptar el difícil reto de mantener en alto un principio, por una parte, y ser comprensiva con quienes lo violan, por otra. Esto es extremadamente difícil, porque la comprensión con los que quebrantan el principio puede ser interpretada con facilidad como laxitud con respecto al principio. La Iglesia debe mantener una posición de rechazo con respecto al divorcio y a las segundas nupcias, y sin embargo, mantenerse acogedora y abierta hacia aquéllos que quebranten este principio.

Jesús manifestó este equilibrio cuando los fariseos le llevaron una mujer "sorprendida en el acto mismo de adulterio". Las enseñanzas de las Escrituras exigían el apedreamiento hasta la muerte para la mujer sorprendida en adulterio. En lugar de juzgarla, Jesús manifestó misericordia hacia aquella mujer, la perdonó y le dio una nueva oportunidad en la vida. (Ver Juan 8:1-11.)

Nadie pudo acusar jamás a Jesús de ser poco exigente en cuanto a los principios bíblicos. Cuando compareció ante el tribunal de Pilato, lo hizo como uno que no había violado la Ley en forma alguna, y en el cual nadie podía encontrar falta. Sin embargo, este mismo Jesús que vino a cumplir la Ley y no a destruirla, mostraba continuamente misericordia hacia aquéllos que habían quebrantado la Ley y necesitaban una nueva oportunidad en la vida. Cuando se encontró con Zaqueo, no lo condenó, sino que mostró que aceptaba amorosamente a un hombre cuyo estilo de vida habrían juzgado con toda severidad los religiosos legalistas de sus días.

La viudez

La muerte del cónyuge le puede asestar un duro golpe a la voluntad de vivir del sobreviviente. ¿Qué más da si uno tiene dinero, poder y respeto social, si le arrebatan el ser humano más importante de su vida? Muchas personas son capaces de definirse como triunfadoras, porque su cónyuge, que es la persona más importante de su vida, la ha hecho sentir triunfadora a pesar del desaliento y los golpes que haya encontrado en el mundo. En más casos de los que nos podríamos imaginar, la muerte del esposo o la esposa deja al cónyuge sin la única persona que lo ha hecho sentir importante y triunfador.

La pérdida del compañero es muy dura para una mujer cuya posición en la sociedad ha sido ganada a través del matrimonio. Para esta mujer, la muerte de su esposo no sólo significa la pérdida del compañero, sino también una gran amenaza para su propia posición social.

Conozco a una esposa de pastor que se derrumbó por completo después de morir su esposo. Toda su identidad estuvo en su afirmación de que estaba casada con el líder religioso más importante de la comunidad. Ser la esposa del ministro la convertía en excelente candidata dentro de todos los ministerios femeninos, y era líder de varias organizaciones dentro de la iglesia. La comunidad los había visto a ambos como un equipo ministerial, y con toda razón. Ella había tocado el órgano, dirigido el coro, había sido oficial dentro del grupo de señoras y había dirigido las reuniones de jóvenes. De pronto, su esposo falleció de un ataque al corazón. Esta mujer no sólo perdió a su esposo, sino también su identidad social.

Trató de seguir siendo miembro de aquella misma iglesia, pero esto resultó ser un problema para todo el mundo. La esposa del nuevo pastor la reemplazó muy pronto en muchas de aquellas posiciones que habían sido una parte tan importante de su vida. El nuevo pastor, que se sintió nervioso por tener como directora de música a la esposa de su antecesor, maniobró para sacarla de aquella posición. La viuda cayó en una depresión que exigió tratamiento psiquiátrico. Su depresión fue consecuencia de la pérdida, no sólo de su amado esposo, sino también de los símbolos del éxito que estaban asociados a su papel como esposa de éste.

A las personas que se enfrentan a este tipo de pérdida les es casi imposible superar el dolor de la situación sin la ayuda de otras personas. La fraternidad eclesial debe reconocer que tiene la responsabilidad de proporcionarle una imagen nueva y positiva de sí misma a la viuda, y en muchos casos, al viudo. Las personas que han sufrido la pérdida de su cónyuge necesitan sentir una identidad y una importancia que sean totalmente suyas, y saber que su valor permanece firme, sin tener que ver con la posición que ocupara su cónyuge desaparecido. Es tarea de la Iglesia descubrir sus dones personales y animarlos a usar esos dones para servir a los demás. Además de esto, la Iglesia debe derramar su reconocimiento sobre estas personas, por lo que son y por lo que hacen.

Cuando era joven, uno de mis grandes fallos como pastor fue el de no manifestar en público mi gratitud por las muchas cosas que los viudos y viudas ancianos hacían para servir en la Iglesia. Todas las congregaciones deben hacer un notable esfuerzo por lograr que estas personas se sientan apreciadas.

Las iglesias que están tratando de ser fieles a su llamado, debieran hacer caso de las palabras de Santiago: (Santiago 1:27). Unas de las ayudas más positivas para viudos y viudas que he visto la estableció un antiguo ministro y directivo de una denominación que se ha entregado a tiempo completo a ayudar a las personas que están solas. Ha reunido varios centenares de personas así en una organización para ayudarlas a enfrentarse con su nueva situación.

Este grupo no sólo ayuda a los viudos y las viudas, sino también a los divorciados que experimentan igualmente una pérdida de identidad social cuando se alejan de los lazos matrimoniales. A diferencia de otros esfuerzos por ministrarles a estas personas, este grupo no existe con el propósito de concertar matrimonios ni de proporcionarles reuniones sociales a las personas solitarias. En lugar de esto, su propósito es aconsejar a todas las personas mientras pasan por la difícil transición hacia el establecimiento de una identidad que no tenga que ver con su antiguo cónyuge. En este grupo, las personas pueden compartir abierta y sinceramente las angustias y las luchas que pasan en sus intentos por adaptarse.

Con demasiada frecuencia, la única forma en que la Iglesia sabe aliviar la soledad de los que han perdido a su cónyuge es casarlos con otra persona. La tendencia a concertar matrimonios es más intensa cuando los viudos o viudas son relativamente jóvenes. Sin embargo, es frecuente que estas buenas intenciones terminen hiriendo más aún a las personas. Los esfuerzos son interpretados como prueba de que ellas no pueden poner en orden su propia vida, o son incapaces de atraer por sí solas a las personas del sexo opuesto.

No es raro que las personas viudas carezcan de deseos por entrar en una nueva relación matrimonial. Aunque hayan tenido un matrimonio feliz, algunos viudos y viudas sienten que no van a tener el tiempo y la energía que hacen falta para pasar de nuevo por todo el proceso de adaptación. Sería mejor que la Iglesia se dedicara a ayudar a estas personas a adquirir una identidad positiva y sentir que realiza valiosos logros que son explícitamente suyos.

La muerte del cónyuge deja a la persona viuda con la sensación de que habría podido hacer mucho más por el que ha fallecido. Con frecuencia, las personas que están en esta situación sienten que no han sabido ser el cónyuge que hubieran podido ser. Recuerdan todas las cosas que dijeron e hicieron, y que ya no se pueden borrar. Están más conscientes aún de lo que debieron haber dicho o hecho, y no dijeron o hicieron. Con estos sentimientos de fracaso, estas personas necesitan la seguridad de que Dios perdona y olvida.

Una de las doctrinas más consoladoras de las Escrituras es la buena noticia de que Dios ha borrado nuestros pecados y ya no los recuerda. Los seres amados que ya están con el Señor pueden olvidar las cosas malas que sucedieron en este mundo. Yo creo que en la otra vida no recordaremos las cosas negativas que sucedieron entre marido y mujer.

12

Los desechados de la sociedad

En la actualidad, la llegada a la ancianidad no trae consigo la honra y el respeto que traía en las culturas antiguas. Nuestra sociedad se halla orientada hacia la juventud, y cuando se pierde esa juventud, también se pierde el gusto por la vida. Por consiguiente, no es de extrañarse que la industria de los cosméticos tenga todos los años unas ganancias fabulosas con la producción de medios para esconder el proceso de envejecimiento.

Esto es cierto con respecto a todas las sociedades industriales. Se prefiere a los jóvenes, porque son más adaptables a los rápidos cambios del mundo moderno. En las sociedades preindustriales, se respetaba a los ancianos porque habían llegado a adquirir habilidades de artesanía que eran la base de la producción económica. Los jóvenes veían con profundo respeto a los ancianos que sabían hacer a la perfección aquellas cosas que ellos querían aprender.

La jubilación

En la sociedad actual, la ancianidad suele significar jubilación. Algunos le dan la bienvenida a este período de su vida, pero la mayoría de las personas lo temen aunque no lo digan. Esto es cierto sobre todo en los hombres, cuya identidad va tan unida a su trabajo, y que cuando se retiran, pierden muchas veces una clara definición de quiénes son. Las personas que tenían una posición de prestigio en la sociedad, y disfrutaban de la deferencia que les manifestaban los empleados de la empresa, se encuentran de repente con que estos símbolos de su éxito han desaparecido.

Muchos jubilados no saben qué hacer con la inmensa cantidad de tiempo que tienen de pronto en las manos. Antes, la vida siempre había estado intensamente organizada, y cada minuto del día había estado lleno de tareas importantes que le daban una sensación de importancia. A muchos hombres, el hecho de que no tenían tiempo para las "trivialidades" los convencía de que eran personas importantes. Con la jubilación, todo eso cambia, y para muchos hombres, tanto tiempo libre se convierte en una carga insoportable.

En mi propia experiencia como consejero, muchas ancianas han llegado a mí para quejarse de su esposo jubilado, que anda tras ellas todo el día. Sencillamente, el esposo no sabe qué hacer consigo mismo. Estas mujeres me cuentan cómo su esposo, antes un hombre de prestigio, ha quedado reducido a una triste figura, sólo porque se siente perdido en este nuevo mundo de tiempo libre. La proporción de divorcios entre personas jubiladas aumenta con rapidez, y una de las causas citadas es que la esposa no resiste a un esposo que espera de ella que lo atienda constantemente. Lo que algunas de estas esposas no admiten es que le han perdido el respeto a su esposo, ahora que ya no ocupa una posición prestigiosa.

Al parecer, las mujeres se enfrentan con mayor facilidad a sus años de jubilación. Esto es cierto sobre todo en las mujeres de clase media y media superior, que descubren que la jubilación de su esposo no altera de manera importante su estilo de vida. Después que los hijos están criados, muchas de estas mujeres pasan hasta veinticinco años dedicadas a mantener impecable su hogar, pertenecer a clubes de jardinería, asistir a las actividades de la iglesia y ver televisión. La jubilación de su esposo no cambia casi nada de esto. Por consiguiente, no hay una transición traumática cuando pasan a los años del ocaso.

La identidad económica de los ancianos

Uno de los aspectos más deprimentes de la edad avanzada es que con frecuencia hay factores económicos que hacen sentirse a los ancianos como carentes de valor e insignificantes. Los sentimientos de fracaso son corrientes entre los ancianos que tienen que vivir en apartamentos pequeños y deteriorados. La inflación económica disminuye el valor de sus ingresos fijos y de sus ahorros. Personas que una vez se sintieron orgullosas de su independencia, se encuentran ahora muchas veces, dependiendo del estado para poder sobrevivir. A los hijos ya crecidos, con su propia familia que atender, les suele quedar poco para mantener a unos padres ancianos de la manera a que ellos estaban acostumbrados. Los ancianos pobres se suelen considerar una carga para su familia y para la sociedad, y se limitan a esperar la muerte. En una sociedad que le da tan gran importancia al éxito, estas personas se ven a sí mismas como fracasadas. Llegan al final de la vida con la sensación de que han quedado reducidas a la nada.

No es de extrañarse que mi esposa me insista en que descubra formas de que seamos ricos cuando lleguemos a ser ancianos. Ha observado que los hijos y los parientes siguen respetando a los ancianos que son ricos, los llevan a pasear y los tratan con cuidado y solicitud. Es posible que haya en sus observaciones más verdad de la que yo estoy dispuesto a admitir. En muchos casos, el cuidado de una persona que se encuentra en sus años de decadencia depende de la cantidad de dinero que ese anciano les puede dejar a los demás en su testamento al morir.

Las reacciones ante el envejecimiento

Todos necesitamos estar conscientes de dos realidades. La primera, que como personas más jóvenes que estamos votando y tomando las decisiones que determinan la suerte de los ancianos, estamos creando las condiciones en las que terminaremos viviendo nosotros mismos. La segunda, que a Jesús le preocupaba de manera especial la difícil situación de los ancianos, y con frecuencia medía la consagración de las personas a Dios por la forma en que trataban a las viudas ancianas.

Yo también creo que se puede ver la medida de nuestro amor cristiano en la forma en que tratamos a los ancianos.

Las reacciones ante las amenazas de la edad avanzada han sido diversas. Muchos, al jubilarse, se han trasladado a otras zonas donde el clima es más benigno. Después de la jubilación, algunas veces un matrimonio anciano puede hallar emoción y nuevos retos en el traslado a otro lugar para "comenzar de nuevo la vida". El nuevo escenario significa nuevos amigos, una iglesia nueva, una casa nueva y un estilo de vida también nuevo. Estos retos pueden ocupar el tiempo y darles a los ancianos cosas importantes que hacer. Más aún, así tienen excusas para hacer largos viajes de vuelta a su lugar de origen con el fin de visitar a los parientes y a los amigos de antaño y darles a conocer las felices circunstancias de su vida de jubilados. Sin embargo, esta opción sólo está a la disposición de quienes tienen buenos ingresos.

Algunos ancianos han optado por quedarse en el terreno de siempre que les es familiar. Muchas veces encuentran un estilo de vida emocionante en las actividades de algún club local para ciudadanos de la tercera edad. Algunas comunidades tienen este tipo de clubes que patrocinan viajes, meriendas campestres, fiestas, reuniones sociales y clases para los ancianos.

Es triste que las personas jubiladas se priven de disfrutar de estas actividades por el solo hecho de que le tienen miedo a la clasificación social que reciben, según ellos, las personas que pertenecen a este tipo de organizaciones. En su deseo de perpetuar el mito de que no son viejos, se niegan a entrar en clubes para la tercera edad.

La iglesia y los ancianos

Todas las iglesias debieran apoyar o patrocinar actividades de grupo para personas ancianas. Aun las iglesias más pequeñas pueden entrar en una relación de colaboración con otras iglesias u organizaciones comunitarias con el fin de asegurarse de que las personas jubiladas disfruten de la rica vida recreativa a la que tienen derecho.

Las iglesias tienen la responsabilidad de honrar a los ancianos que las han servido. Se deben organizar cenas especiales de reconocimiento, darles participación en los cultos de adoración, y usar de otras formas especiales para hacerles saber a los ancianos lo importante que es su contribución.

La congregación no debe esperar a que fallezcan sus miembros ancianos antes de dedicar a su honor los salones de reunión o las aulas de la escuela dominical. La iglesia puede reflejar para ellos una sensación tal de posición social, que sientan que han tenido éxito en la vida, aun en los momentos en que todo se vuelve más lento.

Hay iglesias que han puesto a las personas jubiladas a trabajar haciendo cosas importantes. Los ancianos pueden ser excelentes pastores asociados, y muchas congregaciones han visto enriquecido su ministerio al poner a sus miembros jubilados a realizar la tarea del ministerio de visitación y evangelización. Hay otras iglesias que han llamado a sus miembros jubilados para que trabajen como gerentes de negocios, con lo que han mejorado la eficacia de los programas de la iglesia. Algunos jubilados se han convertido en predicadores laicos para congregaciones pequeñas que nunca habrían podido pagar a un pastor. En la mayoría de los casos, estas personas jubiladas trabajan sin recibir salario, para hacer posibles unos ministerios que nunca se habrían podido financiar con los presupuestos existentes en la iglesia.

Muchos gobiernos han llegado a reconocer que las personas ancianas tienen una amplia gama de habilidades profesionales que las naciones menos desarrolladas necesitan con toda urgencia. Las iglesias harían bien en animar a algunos de sus miembros jubilados para que soliciten una labor en el extranjero a través de alguna agencia gubernamental. Estas posiciones ofrecen excelentes oportunidades para realizar un trabajo misionero. Las personas jubiladas que se hallan en estos puestos en los países pobres se pueden aliar con las iglesias del lugar y contribuir al ministerio cristiano, al mismo tiempo que forman parte de una agencia del gobierno. Este tipo de actividades les puede dar a esas personas jubiladas un sentido mayor de su propia importancia y de su éxito, que el que hayan alcanzado jamás en los años anteriores a su jubilación.

Varias denominaciones cristianas han desarrollado un sistema para colocar en el campo misionero a ejecutivos de negocios, personal político e ingenieros jubilados en calidad de asesores. Los pastores, al aconsejar a los ancianos, deben explorar este tipo de opciones para las etapas finales de la vida.

Unas palabras finales sobre los valores

La Iglesia tiene la última palabra sobre el valor de la vida. Cuando nos enfrentamos a la muerte, mucho de lo que hemos considerado importante en la vida pierde todo su sentido. La muerte nos obliga a ver la carencia de valor de tantas cosas por las que hemos trabajado tan duro. Muchas veces tratamos de escapar de este hecho con un exceso de actividad, en la esperanza de que esto nos proteja de esas reflexiones "morbosas". Sin embargo, en el ocaso de la vida, sentimos que nos estamos moviendo de manera inexorable hacia esa amenaza definitiva a la riqueza, el poder y el prestigio que hemos trabajado tanto por obtener. Un filósofo alemán escribe: "Hacemos tanto ruido en la Nochebuena porque estamos tratando de ahogar el macabro sonido de la hierba que crece sobre nuestra propia tumba."

El evangelio tiene una buena noticia: lo que hayamos tratado de hacer por Cristo y por su reino no se perderá. El apóstol Pablo nos informa que la buena obra que Cristo ha comenzado, la continuará hasta el día de su venida. (Ver Filipenses 1:6.) Necesitamos saber que nuestros esfuerzos a favor de Cristo y de su reino no se van a evaporar. El mensaje de Dios parece ser que es mejor fracasar en una causa que va a terminar por triunfar, que triunfar en una causa que va a terminar por fracasar.

Los cristianos se pueden acercar a la muerte sabiendo que han formado parte de un movimiento que va a triunfar en la historia. Cualquiera que haya sido la forma en que han estado relacionados con la obra de Dios, recibirán su recompensa. Aun a aquéllos que consideran insignificantes sus labores, se les informa que cuando comparezcan ante el gran Juez, Él les dirá: (Mateo 25:21).

¿Qué significa la muerte para las personas a quienes les parece que ha carecido de importancia la manera en que han servido a Jesús? Sólo puedo sugerir que Jesús mismo afirma que muchos se sorprenderán en el día del juicio con respecto a lo mucho que han realizado; han alimentado a los hambrientos, vestido a los desnudos, visitado a los

Los desechados de la sociedad 133

enfermos y ministrado a los encarcelados. Les dirá que cuanto han hecho por el más pequeño de sus hermanos, lo han hecho por Él mismo. (Ver Mateo 25:34-40.)

¿Qué significa la muerte para aquéllos que están seguros de no haber servido a Cristo en absoluto? Creo que hay un servicio que le podemos prestar al Señor después de irnos con Él, porque servir es la forma máxima de adorar.

A quienes se acercan a la muerte con una sensación de fracaso, les digo que hay una eternidad sin fin en la que pueden triunfar para Jesús. Todo cuanto Él pide es que reconozcan su salvación como un don nacido de su gracia, que no depende de sus propios logros. ¿Qué mayor sensación de éxito puede esperar alguien, que la de estar consciente de que tiene en la eternidad una oportunidad infinita de realizar los planes de Dios para él?

13

Una teología del éxito

Un buen amigo me preguntó en cierta ocasión: "¿No es cierto que la persona que vive de acuerdo con la voluntad de Dios y modela su vida según las enseñanzas de las Escrituras tiene derecho a esperar el éxito en la vida?"

Mi respuesta fue: "Sí, pero no estoy seguro de que el tipo de éxito que va a tener sea exactamente el que está usted pensando."

Son demasiadas las personas que creen que la fe en Dios y el cumplimiento de sus leyes les van a dar riqueza, poder y posición social. Han oído por radio y televisión unos sermones que sugieren que la fe en Dios y la obediencia a su Palabra garantizan el éxito social. Se imaginan que van a subir de posición en la escala socioeconómica en virtud de su bondad. Dan por supuesto que cuando el apóstol Pablo promete que Dios "es poderoso para hacer todas las cosas mucho más abundantemente de lo que pedimos o entendemos, según el poder que actúa en nosotros" (Efesios 3:20), quiere decir que los creyentes van a prosperar de manera milagrosa, y no van a carecer de nada en cuanto a los bienes de este mundo.

El Dios eterno no existe para servir a nuestros fines. No es un instrumento para el cumplimiento de nuestros deseos. Somos nosotros los que existimos para servirlo a Él. Somos nosotros los llamados a ser instrumentos de su voluntad.

La oración como magia

Muchos sociólogos diferencian la religión de la magia a base de señalar que en la religión la persona se somete a la voluntad de un poder superior; en la magia, la persona trata de manipular a un poder superior con el fin de conseguir cosas para sí misma. Muchas personas que piensan tener una religión verdadera transforman la fe cristiana en una forma primitiva de magia, y tratan a Dios como si fuera el genio de la lámpara maravillosa. La oración se convierte en una letanía para manipular a Dios con el fin de que le entregue lo que quiere al que se lo pide. El nombre de Jesús se convierte en un encantamiento mágico que debe ser dicho de manera blasfema al final de la oración si se quiere que Dios conceda los resultados anhelados. Para muchos, la oración refleja el tipo de inmadurez que mi hijo pequeño expresó una noche cuando entró en nuestra sala de estar y dijo: "Antes de irme a la cama, voy a orar. ¿Alguien quiere algo?"

Un éxito seguro

Pienso que el estilo de vida cristiano sí les acarrea el éxito a las personas, pero no es el tipo de éxito que entiende la sociedad. Jesús nunca les prometió riquezas, poder ni prestigio a quienes le quisieran seguir. Les advirtió que, mientras las pequeñas zorras tenían guaridas y las aves tenían nidos, los discípulos estaban siguiendo a Uno que no tenía un lugar donde recostar su cabeza (Mateo 8:20). La gente de este mundo se burlaba de él y lo rechazaba. Ahora tanto como entonces, la sociedad establecida querría crucificarlo. Jesús les advirtió a sus seguidores que cuanto le había sucedido a Él, les sucedería también a ellos.

Si el mundo os aborrece, sabed que a mí me ha aborrecido antes que a vosotros. Si fuerais del mundo, el mundo amaría lo suyo; pero porque no sois del mundo, antes yo os elegí del mundo, por eso el mundo os aborrece. Acordaos de la palabra que yo os he dicho: El siervo no es mayor que su señor. Si a mí me han perseguido, también a vosotros os perseguirán; si han guardado mi palabra, también guardarán la vuestra. Mas todo esto os harán por causa de mi nombre, porque no conocen al que me ha enviado.

Juan 15:18-21

Hay mucho de cierto en este pensamiento: "Cuando Jesús llama a un hombre, lo invita a venir para morir."

Quizá un viaje por alguna de las naciones más pobres de la tierra sacudiría a esos cristianos que sostienen una teología de la prosperidad. Verían un testimonio contemporáneo con respecto a la realidad de que la gente justa no siempre se vuelve rica. Metido en medio de las montañas de Haití, he visto cristianos que se levantaban a las cinco de la mañana para orar y cantar alabanzas a Dios antes de comenzar su trabajo. La consagración de esta gente a Cristo y su fiel obediencia a su Palabra constituye una inspiración. Sin embargo, a pesar de su amor por Cristo y su decisión de hacer su voluntad, estas personas sufren en medio de una pobreza y unas privaciones terribles. Los cristianos de Haití experimentan un gozo auténtico, pero ese gozo no se fundamenta en su economía. Para ellos, su vida es un éxito, pero no pueden medir ese éxito por medio de símbolos de categoría social.

La vida más allá de la muerte

La creencia de que la gente justa prospera en su economía y recibe honra en la sociedad procede de una mala interpretación del judaísmo ortodoxo antiguo. Los judíos del Antiguo Testamento no tenían un concepto claro de la vida más allá de la muerte. Muchos han sugerido que el judaísmo era y es la más existencial de todas las religiones, en la que las recompensas por una vida justa se experimentan en este mundo, durante la vida del verdadero creyente.

En los tiempos de Cristo, los saduceos (los más ortodoxos entre los judíos) no creían en la otra vida, y se burlaban de Jesús porque Él hablaba de ella. En una intrigante confrontación, trataron de atraparlo a base de hacer que la creencia en la vida más allá de la muerte pareciera ridícula. Después de relatarle la historia de siete hermanos que se habían casado todos con la misma mujer, le preguntaron los saduceos: " 'En la resurrección, pues, ¿de cuál de los siete será ella mujer, ya que todos la tuvieron?' Entonces respondiendo Jesús, les dijo: 'Erráis ignorando las Escrituras y el poder de Dios. Porque en la resurrección, ni se casarán ni se darán en casamiento, sino serán como los ángeles de Dios en el cielo. Pero respecto a la resurrección de los muertos, ¿no habéis leído lo que os fue dicho por Dios, cuando dijo: Yo soy el Dios de Abraham, el Dios de Isaac y el Dios de Jacob? Dios no es Dios de muertos, sino de vivos.' "(Mateo 22:28-32).

Jesús enseña con claridad que hay vida más allá de la muerte, y es esa doctrina la que nos obliga a una comprensión nueva y más profunda del éxito y del fracaso. Puesto que esta vida es breve cuando se la compara con la eternidad, no es posible comprender el éxito y el fracaso dentro del contexto de espacio y tiempo. Dentro de la historia humana, es posible que quienes triunfan no sean los que conozcan realmente el éxito al final. Esto queda claro en aquella famosa parábola dicha por Jesús acerca del hombre rico y de Lázaro.

> Había un hombre rico, que se vestía de púrpura y de lino fino, y hacía cada día banquete con esplendidez. Había también un mendigo llamado Lázaro, que estaba echado a la puerta de aquél, lleno de llagas, y ansiaba saciarse de las migajas que caían de la mesa del rico; y aun los perros venían y le lamían las llagas. Aconteció que murió el mendigo, y fue llevado por los ángeles al seno de Abraham; y murió también el rico, y fue sepultado. Y en el Hades alzó sus ojos, estando en tormentos, y vio de lejos a Abraham, y a Lázaro en su seno. Entonces él, dando voces, dijo: Padre Abraham, ten misericordia de mí, y envía a Lázaro para que moje la punta de su dedo en agua, y refresque mi lengua; porque estoy atormentado en esta llama. Pero Abraham le dijo: Hijo, acuérdate que recibiste tus bienes en tu vida, y Lázaro también males; pero ahora éste es consolado aquí, y tú atormentado. Además de todo esto, una gran sima está puesta entre nosotros y vosotros, de manera que los que quisieren pasar de aquí a vosotros, no pueden, ni de allá pasar acá.
>
> Lucas 16:19-26

El Nuevo Testamento afirma con claridad que es posible que resulte difícil recibir las recompensas de una vida santa en este mundo, pero más allá de la sepultura, "muchos primeros serán postreros, y postreros, primeros" (Mateo 19:30). Los que aquí son los primeros en su categoría social, pudieran recibir menos honores al otro lado de la muerte. El judaísmo ortodoxo de los saduceos, que me parece una interpretación equivocada del Antiguo Testamento, enseñaba que los hombres justos serían prestigiosos, poderosos y ricos en este mundo. No obstante, quienes creen en la resurrección y la vida perdurable no se encuentran encerrados dentro de estas limitaciones. Los cristianos creemos que hay para los que están en Cristo una bienaventuranza que trasciende los sistemas de valor capitalistas, y compensa con mucho cuantas privaciones y ofensas hayamos sufrido en esta vida. Con el apóstol Pablo, podemos decir: "Pues tengo por cierto que las aflicciones del tiempo presente no son comparables con la gloria venidera que en nosotros ha de manifestarse" (Romanos 8:18).

Prueba de elección

El concepto erróneo de que la fe en Dios y la obediencia a su ley dan riqueza, poder y prestigio de manera automática se deriva no sólo del judaísmo de los saduceos, sino también de algunas versiones del protestantismo. Max Weber, en *The Protestant Ethic and the Spirit of Capitalism* ["La ética protestante y el espíritu del capitalismo"], su obra clásica de sociología, sostiene que ciertos protestantes, sobre todo los que se hallan dentro de la tradición calvinista, han torcido la teología reformada con el fin de convertir a la riqueza en la prueba de la elección divina. Por medio de un cuidadoso análisis histórico, Weber señala que hubo algunos calvinistas que querían pruebas concretas de que Dios los había escogido para la salvación. Su doctrina sobre la predestinación declaraba que Dios ya había decidido quiénes se habrían de salvar y quiénes se habrían de condenar. Sin embargo, estos calvinistas se seguían preguntando cuáles podrían ser las pruebas o señales de la elección divina. ¿Cómo sabrían los salvos que eran salvos?

Muchos cristianos respondieron afirmando que los salvos podrían conocer su elección porque prosperarían económicamente. De esta forma, la prosperidad se convirtió en la prueba de una relación correcta con Dios. Weber no está afirmando que Calvino propagara realmente esta idea, pero es algo que circulaba de manera normal dentro de la tradición calvinista.

Alega el autor que, como consecuencia de esta ética protestante del trabajo, la gente ha luchado por acumular riquezas como símbolo de salvación. El materialismo ha surgido de un sistema de creencias que hace del éxito económico la prueba del valor de la persona y de su posición ante Dios. Con frecuencia, y sin saber por qué, las personas que se hallan dentro de esta tradición trabajan sin cesar para acumular cuanto dinero les sea posible. En su subconsciente, se quieren asegurar de que forman parte del grupo selecto de Dios. Aun cuando tengan dinero más que suficiente para vivir con comodidad, trabajan día y noche. Las riquezas tienen para ellas un valor simbólico que probablemente no comprendan en su totalidad: no sólo les proporcionan comodidad, sino que también les dan seguridad psicológica. El éxito económico les da la seguridad de que forman parte del pueblo de Dios.

Una arrogante despreocupación

Un sistema de creencias así puede crear en los ricos una arrogancia que les haga mirar con desprecio a los menos afortunados. Todos hemos oído los alardes de cierta gente religiosa: "Yo comencé en la nada, pero trabajé duro y ahorré; así conseguí lo que tengo hoy." Con esto insinúan que las personas que son pobres lo son por ser perezosas y derrochadoras, cuando lo cierto pudiera ser que esa pobreza fuera consecuencia de la discriminación y la explotación económica. Es frecuente que los pobres sean víctimas de la injusticia social y la opresión psicológica de una sociedad que equipara su pobreza con la desaprobación divina.

Protestantismo versus Jesús

Max Weber describe el sistema de valores de muchos protestantes como diametralmente opuesto a las actitudes de Jesús. Él era amigo de los pobres y necesitados, que lo oían de buen grado porque les comunicaba las buenas noticias procedentes del Padre celestial.

Y alzando los ojos hacia sus discípulos, decía: Bienaventurados vosotros los pobres, porque vuestro es el reino de Dios. Bienaventurados los que ahora tenéis hambre, porque seréis saciados. Bienaventurados los que ahora lloráis, porque reiréis. Bienaventurados seréis cuando los hombres os aborrezcan, y cuando os aparten de sí, y os vituperen, y desechen vuestro nombre como malo, por causa del Hijo del Hombre. Gozaos en aquel día, y alegraos, porque he aquí vuestro galardón es grande en los cielos; porque así hacían sus padres con los profetas. Mas ¡ay de vosotros, ricos! porque ya tenéis vuestro consuelo. ¡Ay de vosotros, los que ahora estáis saciados! porque tendréis hambre. ¡Ay de vosotros, los que ahora reís! porque lamentaréis y lloraréis.

Lucas 6:20-25

Jesús era la encarnación del Dios eterno que había escuchado el clamor de los hijos de Israel en medio de su opresión y había defendido su causa contra el rico y poderoso Faraón. Jesús era el mismo Dios que había hecho que Amós les advirtiera a los ricos de Israel que se prepararan para el día de juicio que caería sobre ellos debido a su indiferencia ante la lamentable situación de los pobres.

Jesús dijo muy claro que la riqueza, en lugar de ser prueba de santidad, se podía convertir con facilidad en una barrera para la persona rica con esperanzas de entrar en el Reino de los cielos.

Entonces Jesús, mirando alrededor, dijo a sus discípulos: ¡Cuán difícilmente entrarán en el reino de Dios los que tienen riquezas! Los discípulos se asombraron de sus palabras; pero Jesús, respondiendo, volvió a decirles: Hijos, ¡cuán difícil les es entrar en el reino de Dios, a los que confían en las riquezas! Más fácil es pasar un camello por el ojo de una aguja, que entrar un rico en el reino de Dios. Ellos se asombraban aún más, diciendo entre sí: ¿Quién, pues, podrá ser salvo? Entonces Jesús, mirándolos, dijo: Para los hombres es imposible, mas para Dios, no; porque todas las cosas son posibles para Dios.

Marcos 10:23-27

La persona rica se encuentra en una situación muy precaria cuando se trata de entrar al Reino. Es difícil ver cómo puede alguien vivir en medio de lujos mientras tantos entre sus hermanos y hermanas del mundo viven en una pobreza degradante.

Juan Wesley exhortaba a los cristianos a que trabajaran tan duro como pudieran y ganaran tanto dinero como les fuera posible, con el fin de dar tanto como pudieran. La riqueza, incluso la riqueza comparativa, es una terrible responsabilidad. Los cristianos no pueden escapar a las palabras de Cristo: "Mas el que sin conocerla hizo cosas dignas de azotes, será azotado poco; porque a todo aquel a quien se haya dado mucho, mucho se le demandará; y al que mucho se le haya confiado, más se le pedirá" (Lucas 12:48).

Bajando las persianas

Durante una visita a Haití, fui a un restaurante. El camarero me sentó junto a una gran ventana. Tomó mi pedido y me trajo una cena muy atractiva. Estaba a punto de comer un pedazo de filete, cuando se me ocurrió mirar hacia mi izquierda. Había ocho niños haitianos hambrientos con la nariz aplastada contra el cristal y los ojos fijos en mi comida. De inmediato, perdí el apetito y solté el tenedor. El camarero, viendo lo que estaba pasando, llegó con rapidez y bajó la persiana veneciana. Entonces me dijo: "Disfrute de su cena. No deje que ellos lo molesten."

Yo pensé: *¿No es eso lo que hacemos todos? Bajamos las persianas para no tener que ver a los pobres y hambrientos del mundo.*

Pienso que Dios va a castigar nuestra indiferencia hacia los pobres. Nuestra riqueza, en lugar de ser la prueba de nuestra bienaventuranza, se convertirá en la causa de nuestro juicio.

La recompensa en este mundo

No quiero sugerir que la única paga positiva para un cristiano sea la vida más allá de la muerte. Aunque sí creo en el cielo y el infierno, quiero decir que, aunque estas dos realidades no existieran, yo seguiría siendo cristiano, debido a la recompensa que la consagración a Cristo trae consigo aquí y ahora.

No les puedo prometer riquezas, poder ni prestigio a los seguidores de Cristo, pero sí puedo decir que aquéllos que se sacrifiquen económicamente en su nombre, recibirán recompensa en este mundo. Los que renuncien al prestigio que ofrece el mundo, serán bendecidos de una manera que este mundo no puede comprender. Los cristianos que se vacíen a sí mismos de la necesidad de poder y se conviertan en siervos de los demás en el nombre del Señor, experimentarán un gozo que no conoce límites.

Guía de estudio personal y en grupo

Para el estudio personal

Siéntese en su silla favorita con su Biblia, una pluma o un lápiz, y este libro. Lea un capítulo, marcando aquellas partes que le parezcan importantes para usted. Escriba en los márgenes. Señálelo cuando esté de acuerdo, cuando esté en desacuerdo, o cuando ponga en duda lo que dice el autor. Pase entonces a las preguntas que aparecen en esta guía de estudio. Si quiere ir poniendo por escrito su progreso, use un cuaderno para anotar sus respuestas, pensamientos, sentimientos y otras preguntas que tenga. Consulte el texto y las Escrituras mientras permite que las preguntas lo hagan pensar con mayor profundidad. Además de esto, ore. Pídale a Dios que le dé una mente capaz de discernir la verdad, una preocupación activa por los demás y un amor más grande por Él.

Para el estudio en grupo

Planifique primero. Antes de reunirse con su grupo, lea y marque el capítulo como si se estuviera preparando para el estudio personal. Revise las preguntas y piense de qué manera podría usted contribuir a la consideración por parte del grupo. Lleve a su reunión una Biblia y el libro.

Prepare un ambiente que promueva el diálogo. Unas sillas cómodas, dispuestas en un círculo informal, invitan a las personas a conversar entre sí. "Estamos aquí para escuchar, para respondernos unos a otros y para aprender juntos." Si usted es el líder, sencillamente asegúrese de sentarse donde pueda tener contacto visual con todas las personas.

La prontitud cuenta. Para mucha gente, el tiempo tiene tanto valor como el dinero. Si la reunión del grupo se extiende mucho (por haber comenzado tarde), estas personas van a sentir que les han robado, igual que si les hubieran metido la mano en los bolsillos. Por tanto, a menos que haya un acuerdo mutuo, comience y termine con puntualidad.

Haga que todos participen. El aprendizaje en grupo funciona mejor si todos participan de una manera más o menos igual. Si usted es un gran conversador por naturaleza, haga una pausa antes de entrar en la conversación. Entonces, pregúntele qué piensa a una persona de las más calladas. Si usted tiende por naturaleza a escuchar, no dude en meterse dentro de la conversación. Los demás se van a beneficiar de sus pensamientos, pero sólo si usted los expresa. Si usted es el líder, tenga cuidado de no dominar la sesión. Por supuesto, usted habrá pensado en el estudio con anterioridad, pero no dé por supuesto que la gente sólo está presente para escucharlo a usted, por halagüeño que esto sea. En lugar de esto, ayude a los miembros del grupo a hacer sus propios descubrimientos. Haga las preguntas, pero exprese sus propias ideas sólo según se vayan necesitando para llenar los vacíos.

Controle el tiempo durante el estudio. Las preguntas de cada sesión están pensadas para que cada sesión dure cerca de una hora. Las primeras preguntas forman el marco de referencia para la conversación posterior, así que no las pase de largo con tanta rapidez, que vaya a perderse unas bases valiosas. En cambio, las preguntas finales suelen hablar del aquí y ahora. Por tanto, no abunde tanto en el principio, que no le quede tiempo para pasar a lo personal. Aunque el líder debe tomar la responsabilidad de ir llevando el tiempo en las preguntas, cada una de las personas que forman el grupo deben ayudarlo a mantener el estudio moviéndose a un paso uniforme.

Oren unos por otros, juntos o solos. Después, vean cómo obra la mano de Dios en la vida de todos.

Observe que en cada sesión se incluyen los siguientes pasos:

Tema de la sesión - Una breve declaración en la que se resume el tema a tratar en la sesión.

Edificador de comunidad - Una actividad destinada a familiarizar con el tema de la sesión y con las demás personas del grupo.

Preguntas - Una lista de preguntas para facilitar los descubrimientos personales o en grupo, y la aplicación.

Motivo de oración - Sugerencias para convertir en oración lo que se ha aprendido.

Actividades opcionales - Ideas complementarias que le darán mayor fuerza al estudio.

Tarea - Actividades o preparación a realizar antes de la próxima sesión.

Capítulo uno
¿Qué es el éxito?

Tema de la sesión: Aun los cristianos corren el peligro de que la cultura moldee más sus conceptos sobre el éxito que la misma Palabra de Dios.

Edificador de comunidad

1. Durante su niñez, ¿qué soñaba usted que quería ser cuando fuera grande? ¿Tenía que ver con la riqueza, el poder o el prestigio?
2. Escriba las cinco primeras palabras que le vienen a la mente cuando escucha la palabra "éxito". ¿Qué influencias han moldeado su concepto del éxito?

Preguntas para el descubrimiento en grupo

1. ¿Qué papel considera Campolo que juega el éxito en nuestra vida?
2. ¿Cuáles son los principales ingredientes del éxito en algunas culturas?
3. ¿Por qué se suele considerar la riqueza como señal de éxito?
4. ¿Cómo se suele definir el poder en nuestra sociedad?

5. ¿Qué es el prestigio? ¿Por qué lo buscamos?
6. Campolo señala que muchas personas identifican equivocadamente la riqueza como una "prueba de estatura espiritual superior". ¿De qué manera distorsiona esto el mensaje judeocristiano?
7. ¿Por qué nos fascina tanto el poder? ¿Cómo afecta el anhelo de poder nuestras relaciones mutuas y con el Señor? ¿Qué decisiones tomó Cristo con respecto a su poder personal?
8. ¿Cuál es su reacción ante la afirmación de que "quienes buscan prestigio nunca lo recibirán de Dios"?
9. Si Jesucristo estuviera viviendo hoy en su comunidad, ¿lo considerarían un hombre de éxito?
10. ¿En qué sentidos sucumbió la Iglesia de los primeros siglos ante las normas mundanas sobre el éxito? ¿De qué formas manifestó que había comprendido las normas de Dios?
11. ¿Cuáles le parece que deben ser los motivos que tiene Dios para virar al revés, al parecer, nuestras definiciones del éxito?
12. De las tres supuestas señales de éxito – riqueza, poder y prestigio – ¿cuál ha ejercido una influencia más fuerte sobre su vida? ¿Qué peligros representa esto para usted? ¿Qué ha hecho al respecto?
13. Aunque quizá nunca lleguemos a ser famosos, todos tenemos un cierto grado de riqueza, poder o prestigio. ¿De qué forma podría usar el Señor esos dones en su vida para adelantar su Reino? ¿Qué decisiones difíciles podría comprender esto?

Motivo de oración

Pídale al Señor que le ayude a identificar todas las normas deficientes que usted tenga para juzgar el éxito. Ore para que las normas divinas se conviertan cada vez más en parte de su manera de ver las cosas, y ofrézcale su parte de riqueza, poder y prestigio para el servicio de su Reino.

Actividades opcionales

1. Piense en cristianos que conozca, y que parezcan estar moldeando su vida según las normas del éxito dadas por Dios. Pregúntele a uno de ellos qué le ayudó a dejar las normas mundanas para escoger las de Dios. Comparta con él las luchas por las que usted esté pasando en este proceso, y pídale que le dé ideas y lo apoye en oración.

2. Haga un cuadro con tres encabezamientos en la parte superior: Riqueza, Poder, Prestigio. Bajo cada uno de los encabezamientos, escriba todas las situaciones de esta semana en las cuales se ha sentido tentado a perseguir esa meta. Comience a observar en qué tipo de situaciones es usted más vulnerable ante las actitudes mundanas, y pídale al Señor que lo fortalezca en esos momentos.

Tarea

1. Aprenda de memoria Mateo 6:33 y pídale al Señor todos los días que le muestre formas concretas de buscar su Reino y su justicia.
2. Lea el capítulo 2 del texto, y trate de recordar los tipos de éxito que usted ha buscado, y la aprobación de quiénes ha tratado de cultivar. (Si le da una ojeada a su colección de fotografías, le será más fácil recordar.) Prepare el estudio para el capítulo dos.

Capítulo dos
Los triunfadores pueden ser discípulos

Tema de la sesión: Puesto que nuestra sensación de éxito se deriva de la aprobación por parte de las personas que son importantes en nuestra vida, necesitamos aprender a volvernos hacia Cristo para convertirlo en la persona más importante de todas, y aceptar el éxito que Él nos conceda.

Edificador de comunidad

1. Piense en algún elogio que haya recibido, y que lo haya hecho sentir de manera especial como un triunfador. ¿En qué sentido ha afectado la identidad de la persona que lo elogiaba a la importancia que ese elogio ha tenido para usted?
2. Cuando usted juzga sus propios éxitos o fracasos, ¿a través de los ojos de quién tiende a verse a sí mismo? ¿A quién considera usted como su evaluador más importante? ¿Por qué?

Preguntas para el descubrimiento en grupo

1. ¿Qué hace que la gente sienta que ha tenido éxito?
2. ¿Cómo es que hay personas que han tenido grandes logros y se siguen sintiendo fracasadas?
3. ¿Quiénes han sido las personas más influyentes en su vida?

4. Observe que las personas que para nosotros tienen importancia van cambiando a lo largo de la vida. ¿Por qué le parece que sucede esto?
5. ¿Qué papel desempeña la competencia en nuestras luchas y en nuestros juicios sobre los demás? ¿Es sana o no?
6. ¿En qué sentido cambian nuestras ideas sobre el éxito y el fracaso cuando aceptamos a Cristo como nuestro amigo más íntimo? ¿Qué dificultades ha tenido usted al tratar de reconocer a Cristo como la persona más importante de su vida?
7. Haga una lista con las paradojas inherentes a nuestra aceptación por parte de Cristo.
8. ¿Por qué nos suele ser difícil entender y aceptar la gracia de Dios? ¿Cuál ha sido su experiencia al respecto?
9. Cuando nos tortura la creencia de que no hemos hecho suficiente para ganarnos su aprobación, ¿qué antídotos podríamos aplicar?
10. ¿Qué pasos prácticos podría dar usted para desentenderse de la búsqueda de aprobación al nivel humano y hacer de Cristo la persona más importante de su vida?

Motivo de oración

En su oración, mencione a las personas o grupos cuya aprobación usted suele buscar más, y pídale al Señor que ocupe Él mismo el lugar de máxima importancia. Dele gracias por estar dispuesto a involucrarse de una manera tan íntima en su vida.

Actividades opcionales

1. Durante la semana, observe y anote cuáles son los espectadores para los que ha representado algún papel. Vea si son una ayuda o un obstáculo para su caminar con el Señor.
2. Trabaje en equipo con alguien más que esté también dedicado a este estudio. Compartan entre sí las situaciones en las que se sienten tentados a buscar la aprobación de alguien que no sea el Señor. Pónganse de acuerdo para orar concretamente el uno por el otro con respecto a esas tentaciones, y al final de la semana reúnanse para revisar su progreso y animarse mutuamente.

Tarea

1. Durante la semana, tenga presentes las formas en que el Señor ya le ha mostrado su aprobación. Busque cada día las muestras de esa aprobación.

2. Lea el capítulo 3 del texto, tratando de recordar sus propias experiencias de la niñez. Prepare el estudio correspondiente.

Capítulo tres
Éxitos y sufrimientos de la gente menuda

Tema de la sesión: Cuando les concedemos a los niños la misma aceptación que Dios nos da a nosotros, los liberamos para que se conviertan en lo que Dios quiere de ellos, y desarrollen una relación sana con Jesucristo.

Edificador de comunidad

1. Traiga a la memoria algún logro de su niñez. ¿Cómo afectó sus sentimientos sobre sí y el suceso mismo la reacción que tuvo su padre del sexo opuesto?
2. Escriba las cinco primeras palabras que le vienen a la mente cuando piensa sobre Dios. ¿Qué relaciones encuentra entre sus impresiones acerca de su Padre celestial y su experiencia con su padre terrenal?

Preguntas para el descubrimiento en grupo

1. Tony Campolo describe la forma en que los niños y las niñas buscan de manera especial la aprobación de su padre del sexo opuesto. ¿Cuándo ha visto usted pruebas de esto? ¿Qué razones puede haber tenido Dios para hacernos de esa forma?
2. ¿Por qué hay padres que no les conceden su aprobación a sus hijos? ¿Qué les pasa a los hijos cuando no pueden conseguir la aprobación de sus padres?
3. Lea Efesios 6:4. ¿Qué significa "provocar a ira"? (Compare esta versión de la Biblia con otras.) ¿Por qué necesitamos esta advertencia? ¿Bajo qué circunstancias tenemos a veces la posibilidad de ser demasiado duros con nuestros hijos?
4. Campolo hace la observación de que la forma en que Dios se relaciona con sus hijos es el mejor modelo para animar a nuestros hijos a niveles más altos en sus logros, sin causarles daño en sus emociones. Anote algunos de los elementos de las relaciones entre Dios y nosotros. ¿Qué experiencias personales puede usted recordar con respecto a la paternidad divina en este sentido?

5. ¿Cómo les podemos demostrar de una manera práctica a nuestros hijos algo de lo que hemos experimentado con respecto a Dios como padre? ¿Qué elementos le parecen los más difíciles de presentar a sus hijos?
6. ¿Por qué se podrían sentir tentados los padres cristianos a aprovecharse del anhelo de complacerlos que tienen sus hijos?
7. ¿En qué sentidos son diferentes entre sí sus hijos? ¿Cómo se puede guardar usted de contribuir a la rivalidad entre hermanos?
8. ¿Cómo reacciona usted ante la afirmación del autor de que cuanto los niños creen, piensan y sienten acerca de su Padre celestial recibe una fuerte influencia de lo que piensan acerca de sus padres terrenales?
9. Cuando usted aceptó como Salvador a Cristo, ¿hubo algo en lo que experimentó sanidad con respecto a heridas de la niñez? ¿De qué formas ha sido mejor su experiencia con el Padre celestial, que su experiencia con sus padres terrenales?
10. Ningún padre o madre puede manifestar a la perfección el amor de Dios por sus hijos. ¿Qué consecuencias tiene esto para ellos? ¿Qué ha dispuesto Dios para resolver nuestras limitaciones?

Motivo de oración

Dele gracias a Dios por las formas especiales en que ha ejercido su paternidad sobre usted. Ore por cada uno de sus hijos, pidiéndole a Dios que lo ayude a reflejar su Paternidad de una manera adecuada. Ore para que Dios los sane de cualquier daño que les hayan causado las limitaciones de usted.

Actividades opcionales

1. Haga una lista con los rasgos y formas de conducta que considera valiosos en cada uno de sus hijos. Ponga esas listas donde usted y sus hijos las puedan ver con frecuencia.
2. Haga una lista similar con respecto a sus padres.
3. Mantenga notas sobre sus experiencias con la paternidad en esta semana, ya sea como hijo, padre o figura paterna. Observe de manera especial cuándo ha recordado las actitudes de Dios con respecto a usted y le ha podido comunicar actitudes similares a otra persona.

Tarea

1. Hable con su compañero o compañera acerca de la paternidad, o con un amigo acerca de algún aspecto en el que usted desea fortalecer sus relaciones con sus hijos.
2. Lea el capítulo 4 del texto y haga todo el trabajo del estudio correspondiente. Si no tiene hijos en edad escolar, tome los pasos necesarios para familiarizarse con las escuelas que hay en su comunidad.

Capítulo cuatro
Problemas de escuela

Tema de la sesión: La meta de la educación debiera ser fomentar en cada niño las capacidades que Dios le ha dado, y contribuir así a unos sentimientos saludables con respecto a su propio valor.

Edificador de comunidad

1. ¿Cómo describiría usted una buena educación?
2. Al recordar sus tiempos de escolar, ¿qué experiencias fueron importantes (tanto positiva como negativamente) para la formación de la personalidad que usted tiene ahora?

Preguntas para el descubrimiento en grupo

1. Campolo afirma que la aprobación de los maestros puede tener para los niños en edad escolar una importancia que llegue a rivalizar con la de los padres. ¿Está usted de acuerdo? Explique su respuesta.
2. ¿De qué maneras puede tener potencial tanto para el bien como para el mal la importancia de los maestros?
3. ¿Qué señales deben buscar los padres para evaluar lo bien que va la vida escolar de un hijo suyo?
4. ¿Cuáles son las responsabilidades de los padres con respecto a la vida escolar de sus hijos?
5. ¿En qué sentido es tan importante el "proceso" como el "contenido" en la educación de un niño? ¿Qué efectos puede tener esto en los niños?
6. Haga dos columnas en una hoja de papel. En la primera columna, haga una lista de las formas en que el sistema escolar de su

comunidad perpetúa valores negativos o destructores. En la segunda columna, anote las formas en las que contribuye de manera positiva al crecimiento de los niños. Observe en especial todas las formas en las que el sistema escolar, con intención o sin ella, promueve los valores bíblicos.

7. Campolo describe lo destructivo de ciertos tipos de competencias en las escuelas. ¿Por qué cree usted que esto sigue sucediendo? ¿Qué actitudes piensa que deben tomar los cristianos?
8. Lea Efesios 6:10-18. ¿De qué formas podemos batallar contra las fuerzas del mal en nuestras escuelas? ¿Qué precio tendríamos que pagar?
9. ¿Ve en las escuelas cristianas la solución a los males educativos de una nación? Explique su respuesta.
10. Si usted fuera a fundar una escuela cristiana, ¿cuáles serían sus metas? ¿Qué elementos serían necesarios para alcanzar esas metas?
11. ¿Cuáles elementos de las escuelas de kibutz que describe el autor le parecen atrayentes? ¿Qué elementos considera indeseables? ¿Qué principios podemos deducir de nuestro propio sistema educativo?
12. Después de reflexionar sobre los comentarios del autor y su propia comprensión de las Escrituras, ¿cómo le gustaría afectar al sistema escolar de su comunidad?

Motivo de oración

Déle gracias a Dios por los dones especiales que le ha dado a cada persona. Ore para que sus hijos, u otros jovencitos que usted conozca, puedan desarrollar esos dones durante su vida escolar.

Actividades opcionales

1. Escuche con cuidado los comentarios que hacen los niños acerca de la escuela. Algunas veces, hasta los comentarios más informales pueden proporcionar datos de importancia cuándo se los explora. Hable con los niños para saber más acerca de las experiencias positivas o negativas que pueden estar teniendo en la escuela.
2. Dése a sí mismo una oportunidad de tener algún contacto directo con las escuelas de su localidad: visite un aula o ayude en ella; bríndese como padre ayudante para algún suceso especial; entreviste a un maestro, administrador o miembro de la junta escolar. ¿Qué impresiones se forma acerca de lo que está pasando allí? ¿Qué responsabilidades ve para los que participan en su trabajo?

Tarea

1. Esté al tanto de los asuntos educativos de su comunidad, y haga de ellos motivo de oración y colaboración.
2. Lea el capítulo 5 del texto y haga todo el trabajo del estudio correspondiente. Comience a familiarizarse con la cultura adolescente de su localidad.

Capítulo cinco
Crecer en nuestra sociedad

Tema de la sesión: Los adolescentes, ansiosos por lograr el éxito a base de conformarse a sus compañeros, necesitan la experiencia de la aceptación y la afirmación verdaderas a través de su identidad en Jesucristo.

Edificador de comunidad

1. ¿Disfrutó usted de sus años de adolescente? Explique su respuesta. ¿Cuánta importancia tuvo en su experiencia la aceptación por parte de otros adolescentes?
2. La mayoría de las escuelas secundarias tienen varios grupitos diferentes. ¿Qué tipos de grupo predominan en la cultura adolescente de su comunidad? ¿Qué presiones podrían estar sufriendo los adolescentes de su comunidad como consecuencia de esto? ¿En qué se parecen y en qué son distintas a las presiones que soportó usted en su adolescencia?

Preguntas para el descubrimiento en grupo

1. Campolo señala que la popularidad entre sus iguales se pudiera convertir en la meta final de un adolescente. ¿Por qué le parece que sucede esto? ¿Qué función cumple el grupo de compañeros en el desarrollo de un adolescente?
2. ¿Qué necesitan comprender o hacer los adolescentes de su iglesia para ser aceptados por el grupo de jóvenes o la clase de adolescentes de la escuela dominical?
3. ¿Cómo puede afectar a un adolescente el rechazo por parte de su grupo de compañeros? ¿Sabe de casos en los que un rechazo así haya dañado profundamente a una persona joven? ¿Hay casos en los que este rechazo haya terminado convirtiéndose en un bien para el chico o la chica?

4. ¿Está de acuerdo con la afirmación del autor de que la Iglesia siempre ha atraído a los perdedores de la sociedad, porque dentro de su fraternidad se pueden sentir ganadores? Explique su respuesta. Si esto es cierto, ¿cuáles son las consecuencias positivas o negativas para su iglesia local?
5. Campolo describe a la personalidad dirigida por los demás como alguien cuya conducta es motivada más por las expectativas de otras personas que por sus convicciones personales. ¿Por qué son los adolescentes tan susceptibles a que les pase esto? ¿Lo somos también los adultos?
6. ¿Conoce usted algún "camaleón humano"? ¿Por qué luchas podría estar pasando esa persona?
7. ¿Por qué les es difícil a los adolescentes ser individualistas?
8. Lea Romanos 12:1-2 en varias versiones. ¿Qué nos dice Dios? ¿Cómo podría responder un adolescente a esos versículos? ¿Cómo responde usted?
9. ¿Hasta qué punto puede cambiar las cosas Cristo en la lucha de un adolescente con la presión de sus iguales? ¿Cómo maneja usted esa presión?
10. Comente y amplíe la afirmación del autor de que Cristo es la fuente de la verdadera individualidad. ¿De qué formas ha experimentado usted esto en su propia vida?

Motivo de oración

Ore por sus adolescentes, o por otros que conozca, en especial con respecto a las presiones por parte de sus compañeros. Ore para que la presencia de Cristo tenga una influencia más fuerte que las presiones negativas en la vida de esa persona joven.

Actividades opcionales

1. Ofrézcase a un adolescente que conozca como mentor o compañero de oración. Con frecuencia, los adolescentes agradecen que haya un adulto ajeno a su familia inmediata que los acepte, y con el cual puedan compartir con libertad.
2. Entreviste al líder de un grupo juvenil, a un maestro de adolescentes en la escuela dominical o algunos adolescentes de su iglesia, para conocer cuáles son las presiones a las que se enfrentan los cristianos

adolescentes. Haga de estas cuestiones un motivo de oración, y busque maneras de ayudarlos.

Tarea

1. Anote las formas en las que usted reacciona más por lo que quieren los demás, que por una verdadera convicción personal. Recuerde que Cristo lo ha aceptado.
2. Lea el capítulo 6 del texto y haga el trabajo del estudio correspondiente. Trate de recordar algunas de sus experiencias de la escuela secundaria en cuanto a relaciones con el sexo opuesto.

Capítulo seis
Éxito adolescente con el sexo opuesto

Tema de la sesión: Los jóvenes que luchan por triunfar en su relación con el sexo opuesto necesitan comprender la buena noticia de que Cristo los acepta tal como son.

Edificador de comunidad

1. ¿Cómo se sienten los adolescentes en cuanto a las relaciones entre chicos y chicas? ¿Cómo actúan? ¿Cuáles son sus esperanzas y sus temores?
2. ¿Qué mensajes con respecto a las relaciones entre ambos sexos están recibiendo los adolescentes de hoy de la música popular y de los videos musicales?

Preguntas para el descubrimiento en grupo

1. ¿Por qué cree que las relaciones con el sexo opuesto son el "símbolo máximo del éxito" para los adolescentes?
2. Campolo observa que para los adolescentes, "el juego de las relaciones entre los sexos tiene una importancia que la mayoría de las personas mayores ya no recuerdan". ¿Qué recuerda con respecto a la importancia que tenían esas relaciones para usted cuando era un adolescente? ¿Qué observa en los adolescentes de hoy?
3. Diga algunos de los medios de los que se vale un jovencito adolescente para atraer a las jovencitas. ¿Qué les puede decir la Iglesia a estos jovencitos?

4. Diga algunos de los medios de los que se vale una jovencita adolescente para atraer a los jovencitos. ¿Qué les puede decir la Iglesia a estas jovencitas?
5. ¿Cuáles son los efectos que se producen en un adolescente que no tiene éxito en sus relaciones con el sexo opuesto? ¿Cuáles son las posibles consecuencias a largo plazo?
6. ¿De qué forma se pueden redimir o invertir los efectos negativos de una historia de fracasos en las relaciones con el sexo opuesto?
7. ¿Cuáles son los efectos, tanto positivos como negativos, en los adolescentes que tienen éxito en sus relaciones con el sexo opuesto?
8. ¿A qué tentaciones en particular se enfrentan los adolescentes en las relaciones entre ambos sexos?
9. ¿Qué es lo que usted más le querría decir a un adolescente que esté totalmente absorto en sus relaciones con el sexo opuesto?
10. ¿Cuál es la responsabilidad de la Iglesia hacia los adolescentes en la cuestión de las relaciones entre ambos sexos? ¿Qué medidas prácticas pueden tomar los cristianos para satisfacer sus necesidades? ¿En qué puede ayudar usted?

Motivo de oración

Ore por los adolescentes de su iglesia, en especial en cuanto a este difícil aspecto de las relaciones con el sexo opuesto.

Actividades opcionales

1. Vea algún programa de televisión dirigido a los adolescentes. ¿Qué papel juegan las relaciones entre chicos y chicas en la trama del programa? ¿Qué mensajes se les están haciendo llegar a los jóvenes? Si usted tiene un hijo o hija adolescente, averigüe cómo reaccionan ante ese programa.
2. Investigue de qué maneras puede usted influir en la selección de las actividades sociales que patrocinan las escuelas secundarias de su localidad, o el grupo de jóvenes de su iglesia. ¿Qué sugerencias puede hacer usted para reducir al mínimo las presiones de estos momentos?

Tarea

1. Hojee algunas revistas populares dedicadas a los adolescentes, con el fin de informarse más en cuanto a los tipos de mensajes y de presiones que reciben los adolescentes del mundo no cristiano.

2. Lea el capítulo 7 y haga el trabajo del estudio correspondiente. Trate de identificar algunas de sus propias actitudes y supuestos acerca de la mitad de la vida.

Capítulo siete
Síntomas del hombre en su mediana edad

Tema de la sesión: Los varones en este período de su vida necesitan la ayuda de Cristo para no seguir las falsas rutas de escape a las presiones de esos años.

Edificador de comunidad

1. ¿Cuáles son las primeras imágenes que le vienen a la mente cuando oye hablar de la "crisis de la mediana edad"? ¿Cuál es su actitud hacia los que están pasando por esa crisis?
2. Con marcadores, dibuje en una hoja de papel grande una descripción del típico hombre en la mediana edad. (Un miembro del grupo podría hacer el dibujo, mientras que el resto del grupo le sugiere lo que les parece que se debiera incluir.) Incluya rasgos como la postura, el peso, el estilo del peinado y de la ropa, la expresión facial y la actividad a la que se dedica. Comente la descripción que haya dibujado. ¿Qué siente con respecto a este hombre?

Preguntas para el descubrimiento en grupo

1. ¿En qué aspectos es típico que los hombres luchen por lograr el éxito? ¿Por qué cree que la profesión se ha vuelto algo tan importante?
2. ¿Cuáles son las diferencias entre lo que una persona es y lo que hace? ¿Coinciden en alguna ocasión ambos aspectos?
3. Campolo hace la observación de que los cristianos deben evaluar a las personas según criterios distintos a los que usa el mundo. Mencione algunos de los criterios que le parece que debieran estar usando los cristianos, y si puede, presente citas bíblicas que apoyen sus criterios.
4. ¿De qué formas puede caer la Iglesia en la trampa de amar a las cosas y usar a las personas? ¿Por qué le parece que sucede esto? ¿Cómo se puede evitar?
5. Haga una lista de los discípulos de Jesús y las profesiones a las que se dedicaban. (Le hará falta consultar los Evangelios además del

texto.) ¿Qué le dice esto acerca de la forma en que Jesús escogía a sus seguidores? ¿Qué clase de "entrevista de trabajo" le parece que debe haber utilizado para escogerlos?
6. ¿De qué forma han influido sobre usted las normas de nuestra sociedad, tanto en la profesión o el trabajo que ha escogido, como en su forma de evaluar a los demás? ¿Qué encuentra que le ha ayudado a combatir esas influencias?
7. ¿Cómo les es posible a los cristianos tener una profunda sensación de haber triunfado, aun cuando el mundo no se sienta nada impresionado con ellos?
8. ¿Por qué los hombres de nuestra cultura que están en la mediana edad son tan vulnerables a las crisis de esa edad?
9. ¿Cómo afectan las condiciones actuales (como la economía y los sucesos mundiales) al hombre de edad mediana?
10. ¿Cuáles son las rutas típicas de escape escogidas por los hombres que pasan por las depresiones de la mediana edad? ¿Qué están buscando en cada uno de esos caminos? ¿Son válidas las necesidades de esos hombres? ¿Qué les puede ofrecer Cristo con respecto a esas necesidades?
11. ¿Cuáles le parece que son los peligros más grandes a los que se enfrentan los hombres de mediana edad en su comunidad? ¿Cómo le gustaría ver que la Iglesia se enfrenta a esos peligros? ¿Qué puede hacer usted para ayudar?

Motivo de oración

Dele gracias al Señor por su soberanía y porque nos cuida en todas las etapas de nuestro desarrollo en la vida. Pídale que lo ayude a usted y ayude a su iglesia a ser sensibles ante las necesidades de los hombres de mediana edad que haya entre ustedes.

Actividades opcionales

1. Vuelva a dibujar al mismo hombre de mediana edad, esta vez con unos rasgos que sugieran que ha encontrado contentamiento y seguridad en Jesucristo.
2. Escriba la respuesta que le parece que Jesús le habría dado a un hombre que esté pasando por las crisis de la mediana edad. ¿Qué actitudes refleja? ¿Qué acciones habría tomado o recomendado Jesús? ¿Cómo puede reflejar usted a Cristo ante ese hombre?

Guía de estudio personal y en grupo 161

Tarea

1. Escoja uno de los asuntos que suelen preocupar hoy en día a los hombres de edad mediana y busque en las Escrituras pasajes que hablen acerca de las necesidades que representan.
2. Lea el capítulo 8 y haga el trabajo del estudio correspondiente.

Capítulo ocho
Esperanza para el hombre de cuarenta y tres años

Tema de la sesión: En Jesús, los hombres que pasan por las crisis de la mediana edad pueden hallar valor, seguridad, aventura y razón de ser.

Edificador de comunidad

1. Describa a un hombre que conozca (o que haya oído mencionar en la historia) cuya vida haya cambiado de manera radical en su mediana edad. ¿Qué lo impulsó a este cambio? ¿De qué manera afectó la calidad de su vida?
2. Hagan un debate de cinco minutos entre dos miembros del grupo sobre el tema de "seguridad contra aventura". Después, comenten de qué lado votarían, si tuvieran que escoger, dando las razones que han tenido para decidirse así.

Preguntas para el descubrimiento en grupo

1. ¿Qué pasos prácticos puede dar un hombre para evitar o mitigar una depresión en su mediana edad?
2. ¿Por qué es importante que un hombre haga un examen general de su vida al llegar a la mediana edad?
3. Campolo hace la observación de que algunas veces, saber distinguir entre lo que es realmente importante y aquello que lo es de manera relativa, puede aliviar la depresión. ¿Recuerda usted algún momento en el que una evaluación de este tipo le haya levantado el ánimo?
4. ¿De qué manera el mirar a su profesión de una forma nueva le puede ayudar a sentir que ha triunfado? ¿Cómo suele considerar usted su trabajo? ¿Está pasando por alto algunos aspectos positivos o elogiables que haya en él?
5. ¿Cuándo se estaría necesitando un cambio de ocupación? ¿Cuáles son los aspectos a favor y los contra del cambio de trabajo? ¿Qué

cuestiones debe tomar en cuenta una persona que está pensando en cambiar de trabajo? ¿Cómo podemos discernir la voluntad de Dios en un cambio de este tipo?
6. Campolo hace notar la tensión entre la necesidad de seguridad y el anhelo de nuevas aventuras, como algo fundamental en nuestra vida. ¿De qué manera se ha manifestado esto en su propia vida? ¿Cómo piensa tratar de resolver esta tensión?
7. El autor cita a Abraham como modelo bíblico de alguien que, bajo la dirección de Dios, hizo un cambio radical en su vida a una edad avanzada. ¿Qué otros ejemplos bíblicos puede recordar? ¿Qué lecciones puede aprender de ellos?
8. ¿Cómo nos capacita la consagración a Cristo para ser personas aventureras? ¿A qué aventuras se ha podido lanzar usted como consecuencia de su seguridad en Cristo?
9. ¿Cuáles son los elementos primarios que le dan sentido a nuestra vida? ¿Por qué le parece que las relaciones juegan un papel tan importante?
10. ¿De qué manera le da significado a su vida la relación con Cristo?
11. ¿Qué cosas mira Jesús al evaluar nuestra vida? ¿Qué ha hecho usted hoy por lo que Él lo podría elogiar?

Motivo de oración

Dele gracias a Jesús por ser Señor por encima de los momentos críticos de su vida, y por darles sentido a nuestras empresas, incluso a las más pequeñas. Pídale que dirija sus pasos para que usted lo pueda seguir más de cerca cada día.

Actividades opcionales

1. En una hoja de papel, dibuje un "mapa" de su vida, y señale en él las encrucijadas y los momentos críticos. Dibuje un símbolo de la presencia de Cristo en aquellos lugares donde usted haya sentido de manera especial su apoyo y dirección.
2. Escoja un personaje bíblico como Abraham, David o Pablo. Haga un estudio sobre su vida, sobre todo en los cambios y los retos con que se enfrentó en la segunda mitad de la vida. ¿Qué tipo de decisiones tomó? ¿Cuáles fueron los resultados?

Tarea

1. Haga una lista de las personas que le añaden sentido a su vida. Cada día, planifique una acción destinada a reafirmar por lo menos una de esas relaciones.
2. Lea el capítulo 9 y haga el trabajo del estudio correspondiente. Reflexione en sus actitudes hacia las mujeres de mediana edad.

Capítulo nueve
Presiones sobre la mujer de mediana edad

Tema de la sesión: Las mujeres de mediana edad sufren por parte de la sociedad muchas presiones que minan su sentido del valor personal que Dios les ha dado.

Edificador de comunidad

1. Comparta con el grupo lo que conoce sobre los papeles que desempeñaron su mamá y su abuela durante la mediana edad de ellas. (Si puede, enséñeles fotos de ellas.) ¿Qué ha cambiado para usted, o para las mujeres de mediana edad que conoce?
2. ¿Cuál le parece que sea el problema más importante al que se enfrentan hoy las mujeres de mediana edad?

Preguntas para el descubrimiento en grupo

1. ¿Cómo han cambiado los papeles de las mujeres en las últimas generaciones? ¿De qué formas reflejan esos cambios las transformaciones sociales y económicas?
2. Haga una lista de las expectativas más corrientes entre las mujeres de hoy.
3. ¿Qué papel desempeñan el esposo y la familia en el concepto que una mujer tiene de sí misma?
4. ¿Qué sistemas de apoyo suelen estar a disposición de la madre de hoy? ¿Qué falta? ¿Cómo afecta el apoyo o la falta del mismo a las expectativas de una mujer y a su evaluación sobre su propia persona?
5. ¿Qué elementos de sexismo quedan en nuestra sociedad? ¿Cómo afectan al concepto de sí misma que tiene la mujer?
6. Mencione algunas de las preocupaciones que han tenido las mujeres en los últimos años. ¿Qué dice la Biblia acerca de esas preocupa-

ciones? ¿De qué formas debieran estar manifestándose los cristianos en cuanto a estas cuestiones?
7. ¿Qué programas de televisión son los más populares en estos momentos? ¿Cómo se representa en ellos a las mujeres? ¿Hay alguna mujer de mediana edad o más? Si así es, ¿qué clase de imagen tienen? Si no lo es, ¿qué mensaje va incluido en esa omisión?
8. Campolo cita la idea de que no es prerrogativa de la sociedad definir lo que debe ser una mujer, sino que es prerrogativa de Dios. ¿Cuáles son las similitudes y los contrastes entre las definiciones de la femineidad por parte de la sociedad y las definiciones por parte de Dios? ¿Con qué dificultades se enfrenta una mujer si se resiste a las expectativas sociales impías? ¿Cómo puede usted apoyar a las mujeres que tratan de vivir de acuerdo con las normas de Dios?
9. ¿A qué juegos mentales le parece a usted que se dedican las mujeres? En su condición de hombre o de mujer, ¿cómo puede haber contribuido usted a estos juegos? ¿De qué forma desvirtúan estos juegos la personalidad que Dios tenía pensada para usted?
10. ¿Qué esperanzas de cambio tiene usted en cuanto a los papeles y las expectativas de las mujeres? ¿Qué es lo que no le gustaría ver que cambia?

Motivo de oración

Dele gracias a Dios por la forma en que Él valora a la mujer. Pídale que corrija todos los conceptos deficientes que usted tenga. Pídale también que le ayude a honrar a las mujeres que usted conoce, o a honrarse a sí misma como mujer, de la manera debida.

Actividades opcionales

1. Pegue palabras y dibujos tomados de revistas en una hoja de papel para hacer un "espejo" que presente la imagen de la "mujer ideal" según la sociedad. Después, haga otra hoja que presente una imagen más bíblica.
2. Busque en revistas artículos con temas de actualidad para padres. Escriba las cuestiones o temas que parezcan aparecer una y otra vez en esas revistas. ¿Qué pasos prácticos puede dar la Iglesia para satisfacer las necesidades de las madres de hoy? Ore con respecto a las formas en que usted pudiera relacionarse.

Tarea

1. Observe las formas en que los medios de comunicación afectan (o querrían afectar) en esta semana su concepto general sobre la mujer. Ore para que el Señor refine continuamente el concepto que usted tiene de la femineidad.
2. Lea el capítulo 10 y haga los trabajos del estudio correspondiente.

Capítulo diez
La mujer, el trabajo y el feminismo

Tema de la sesión: El trabajo fuera de la casa puede formar una importante parte de la vida de la mujer, y es necesario que la Iglesia lo trate como es debido.

Edificador de comunidad

1. ¿Cuál fue su reacción inicial al leer el título de este capítulo? ¿De dónde proceden esos pensamientos y sentimientos?
2. En general, las mujeres de la familia de la que usted procede, ¿han trabajado fuera del hogar, o se han quedado en casa? ¿Qué ha decidido usted para su familia?

Preguntas para el descubrimiento en grupo

1. ¿Cuáles son las razones por las que la mujer de hoy busca trabajar fuera del hogar?
2. Mencione algunos de los problemas (tanto externos como internos) a los que se enfrentan las mujeres cuando buscan trabajo fuera del hogar, sobre todo si nunca han tenido empleo o si están regresando al mundo del trabajo.
3. ¿Cómo ha tratado el movimiento femenino de enfrentarse a estos problemas? ¿Cómo se debiera enfrentar la Iglesia a ellos?
4. ¿Qué idea tiene su iglesia sobre la "madre que trabaja"? ¿Qué preocupaciones refleja este concepto?
5. ¿Qué le gustaría ver que hace la Iglesia para atender a las necesidades de las madres?
6. ¿Qué posibles efectos, tanto positivos como negativos, tiene en los niños el que la madre trabaje fuera del hogar? ¿Cómo pueden trabajar en equipo ambos padres para atender a las necesidades de sus hijos?

7. Dé algunos ejemplos bíblicos de mujeres que trabajaban fuera de su hogar.
8. ¿De qué manera podría afectar el trabajo de una mujer al concepto que tenga sobre sí misma? Dé ejemplos personales si le es posible.
9. ¿Cómo pueden afectar la conducta y las decisiones de una mujer a su concepto sobre sí misma? Dé ejemplos personales si le es posible.
10. ¿Por qué le parece que se culpa a la madre con mayor frecuencia cuando los hijos pasan por dificultades? ¿Por qué le parece que muchas madres están dispuestas a aceptar esa culpa?
11. ¿Qué le querría decir a una madre que se esté sintiendo culpable por la situación de sus hijos? ¿Qué textos bíblicos le podría ofrecer?
12. Mencione algunos de los mitos que el movimiento femenino podría perpetuar acerca del trabajo en el hogar y del mundo del trabajo. ¿Qué fragmentos de verdad podrían contener estos mitos? ¿Cómo se puede mantener una perspectiva equilibrada?
13. ¿De qué forma puede moldear su relación con Dios el sentido de identidad personal que tenga una mujer? ¿Cómo hace usted que esto funcione en su vida?

Motivo de oración

Déle gracias al Señor porque Él es la fuente definitiva de nuestra identidad y seguridad. Si usted es mujer, pídale que la ayude a fortalecer esa relación y a tomar decisiones sabias con respecto a su trabajo y a lo que debe ser el centro primordial de su responsabilidad. Si usted es hombre, pídale que lo ayude a mirar a las mujeres que han tenido que ver con su vida como Él las mira, y a apoyarlas en lo que emprendan.

Actividades opcionales

1. Entreviste a algunas mujeres cristianas que conozca y que trabajen fuera de su hogar. ¿Con qué tensiones se han tenido que enfrentar? ¿Cómo las han resuelto? ¿En qué sentidos las ha apoyado o dejado de apoyar la iglesia?
2. Recorte noticias o artículos de revistas que destaquen lo que algunas veces se ha llamado "las guerras de las mamás" (las tensiones entre las madres que se quedan en casa y las que tienen un trabajo fuera del hogar). Mencione algunas de las formas en que

ambos grupos se pudieran ayudar mutuamente, en lugar de socavarse uno a otro.

Tarea

1. En su lectura devocional de esta semana, busque y anote textos bíblicos que digan o presenten la forma en que Dios nos da nuestra identidad.
2. Lea el capítulo 11 y haga los trabajos del estudio correspondiente. Reflexione sobre las diferencias entre la soltería y la vida de casado.

Capítulo once
Los solteros y el éxito

Tema de la sesión: Los adultos solteros tienen necesidades y retos especiales, y también oportunidades únicas para servir y sentirse valiosos.

Edificador de comunidad

1. Si usted es soltero, describa algunos de los retos a los que se enfrenta en el presente. Si es casado, traiga a la memoria algunos de los retos a los que se enfrentó durante sus años de soltero.
2. ¿Qué cristianos solteros conoce, o ha oído mencionar (incluso en la historia o en la Biblia) que han dejado una profunda huella en el adelanto del Reino de Cristo? ¿Cómo ha afectado la soltería a su ministerio?

Preguntas para el descubrimiento en grupo

1. Campolo cree que en nuestra sociedad una familia feliz es un símbolo del éxito. ¿Está usted de acuerdo? ¿En qué sentido puede ser éste un símbolo desorientador?
2. ¿Cuáles son los grupos o las personas que suelen presionar a los solteros? ¿Cuáles son los mensajes que reciben de ellas los solteros? ¿Cómo puede usted manifestar comprensión y respeto hacia los solteros?
3. ¿Por qué razones pudiera permanecer soltero un adulto?
4. A partir de 1 Corintios 7:7-9 y 32-34, mencione algunas de las ventajas que ve Pablo en la soltería. Mencione algunos de los retos que él identifica.
5. ¿En qué situaciones pudiera ser ventajosa la soltería?

6. ¿Con qué dificultades especiales se pudieran enfrentar los que son solteros, pero no por propia determinación?
7. ¿Cómo le respondería usted a alguien que vea su soltería como un fallo por parte de Dios?
8. ¿De qué maneras puede mantener o mejorar un soltero su estima personal?
9. ¿Qué opciones tiene una persona soltera en cuanto a cómo y dónde vivir? ¿Qué principios bíblicos se pudieran aplicar aquí?
10. Haga un bosquejo de las formas en que una persona soltera puede manejar sus sentimientos sexuales.
11. ¿Cuáles son las tensiones a las que se enfrentan los que se divorcian? ¿Cómo los puede ayudar usted?
12. ¿Qué actitudes ve usted en sí mismo hacia los divorciados? ¿Cómo cree que Cristo quiere que los consideremos?
13. ¿Qué argumentos hay a favor y en contra de que se vuelva a casar una persona divorciada? ¿De qué manera puede superar la Iglesia las discusiones al tratar a un matrimonio casado en segundas nupcias que se encuentre en su medio?
14. ¿Qué responsabilidades tiene la Iglesia con las personas viudas? ¿Qué ministerios especiales pudieran necesitar? ¿Qué ministerios especiales podrían ofrecer?

Motivo de oración

Déle gracias al Señor por su soberanía por encima de las decisiones y los sucesos de nuestra vida. Si es casado, pídale una bondadosa comprensión hacia los solteros que conoce. Si es soltero, pídale la visión de lo que su soltería podría significar en función de su ministerio y de su propia estima.

Actividades opcionales

1. Escoja un personaje soltero del Antiguo Testamento o del Nuevo, y escriba lo que este personaje diría si lo invitaran a dar una conferencia en su iglesia.
2. Entreviste a algunos de los solteros de su iglesia para averiguar qué ha sido positivo para ellos en cuanto a dar y recibir ministración. Averigüe también si tienen necesidades con respecto a las cuales la Iglesia no haya hecho nada.

Tarea

1. Escoja al menos un amigo o conocido soltero y recuérdelo en sus oraciones toda esta semana (también hágale saber que está orando por él).
2. Lea el capítulo 12 y haga los trabajos del estudio correspondiente. Piense acerca de sus propias actitudes con respecto al envejecimiento y a los ancianos.

Capítulo doce
Los desechados de la sociedad

Tema de la sesión: La Iglesia, como representante de Cristo, tiene la responsabilidad de honrar a los ancianos y servirlos en sus numerosas necesidades.

Edificador de comunidad

1. ¿Cómo se siente con respecto al envejecimiento? ¿Por qué?
2. ¿Cómo le gustaría pasar sus años de jubilado?

Preguntas para el descubrimiento en grupo

1. ¿Cuáles son las actitudes sociales actuales con respecto al envejecimiento? ¿En qué se fundamentan esas actitudes?
2. ¿Qué significa la jubilación en nuestra sociedad? ¿Tiene usted deseos de que llegue?
3. Haga una lista de las ganancias y otra de las pérdidas que se suelen experimentar en nuestra sociedad al jubilarse. ¿Cuál de las dos listas es más larga? ¿Cuáles son las consecuencias de esto para la sensación de éxito que pueda tener una persona?
4. Imagínese que tiene setenta años. ¿Dónde querría vivir? ¿Cuáles son sus opciones?
5. ¿De qué maneras prácticas les puede ministrar la Iglesia en sus necesidades a las personas jubiladas?
6. ¿Cómo tratan a las personas ancianas en su iglesia? ¿Está usted de acuerdo con Campolo en que la medida de nuestro amor cristiano se puede notar en la forma en que tratamos a los ancianos? Busque algunos pasajes de las Escrituras que apoyen su respuesta. ¿Qué responsabilidades ve para sí mismo con respecto a esto?

7. Mencione algunas formas en que los ancianos pueden participar de manera activa y significativa en la vida de la Iglesia. ¿Qué nos perdemos cuando no lo hacen?
8. ¿Cuáles son las actitudes ante la muerte en nuestra sociedad?
9. ¿Le parece que la cercanía relativa de la muerte afecta el concepto de sí mismo que tiene un anciano?
10. ¿De qué forma afecta su relación con Cristo a su manera de ver la muerte? ¿Como afecta esta relación a su evaluación de sí mismo a la luz de la muerte? ¿Necesita hacer algún cambio en sus actitudes o actuaciones?
11. ¿Qué le gustaría oír decir a Cristo cuando se encuentre con Él en el cielo? ¿Qué pistas nos dan las Escrituras acerca de lo que Él podría decir?
12. ¿Qué factores contribuyen a que una persona sea capaz de enfrentarse a la muerte sintiendo que ha triunfado en la vida?

Motivo de oración

Déle gracias al Señor por cuidar y honrar a los ancianos. Pídales que comparta con usted su perspectiva y lo guíe por senderos de productividad a medida que envejece. Pídale también que lo ayude a encontrar formas de ministrarles a los ancianos que conoce, y de honrarlos.

Actividades opcionales

1. Con la ayuda de una concordancia y de las referencias cruzadas de una Biblia de estudio, explore el concepto sobre el envejecimiento que presenta la Biblia. Escriba una "teología del envejecimiento" en un solo párrafo; use la primera persona del singular para que sea algo personal.
2. Visite a los ancianos. A partir de sus conversaciones con ellos, y de sus propias observaciones, haga una lista de las principales necesidades que tienen. Escoja un aspecto de esas necesidades y planifique una actividad para usted o para su grupo que pudiera contribuir a satisfacer esa necesidad.

Tarea

1. Haga planes para encontrar una forma de honrar al menos a un amigo o pariente anciano en esta semana.
2. Lea el capítulo 13 y haga los trabajos del estudio correspondiente.

3. Revise los capítulos 1 a 12 y medite sobre todos los conceptos nuevos que tenga acerca del éxito auténtico.

Capítulo trece
Una teología del éxito

Tema de la sesión: El éxito que Dios nos ofrece no puede medirse de acuerdo a las normas mundanas de riqueza, poder y prestigio.

Edificador de comunidad

1. Termine la oración gramatical siguiente: "Si no hubiera vida después de la muerte, yo_____."
2. ¿Qué pruebas busca usted para saber si Dios está bendiciendo su vida?

Preguntas para el descubrimiento en grupo

1. ¿Cuáles son las creencias populares acerca de los beneficios que acarrea la fe en Dios? ¿En qué Escrituras puede usted pensar, que sostendrían o refutarían esas creencias?
2. Describa algún momento en el que usted haya caído en el error de "tener fe en la fe", en lugar de poner su fe en Dios.
3. ¿Cuáles son las ideas erróneas más extendidas acerca de la oración? ¿De qué formas deshonran a Dios o distorsionan el evangelio? ¿Por qué ora usted?
4. Lea Juan 15:18-21. ¿De qué maneras podrían experimentar el odio del mundo los cristianos de hoy? ¿Qué experiencias personales ha tenido usted de malos tratos por el nombre de Cristo? ¿Cómo puede reaccionar un cristiano cuando le sucede esto?
5. ¿Qué pruebas bíblicas tenemos a favor de la vida más allá de la muerte?
6. ¿Qué le parece que significa que más allá de la muerte, "muchos primeros serán postreros, y postreros, primeros"? (Mateo 19:30). ¿Cómo cambia esto las cosas de este lado de la muerte?
7. Campolo afirma que para quienes están en Cristo hay una bienaventuranza que trasciende los sistemas de valor capitalistas. Mencione algunos ejemplos de valores capitalistas que son confundidos con las bendiciones de Dios.

8. ¿Qué es la "ética de trabajo protestante"? ¿Cuáles son sus puntos fuertes? ¿Cuáles los débiles? ¿De qué formas podríamos nosotros estar perpetuando algunas de las nociones falsas inherentes a esta enseñanza?
9. ¿De qué forma contribuye la ética protestante de trabajo a la opresión de los pobres? ¿Cómo le parece que Cristo quiere que veamos a los pobres?
10. A partir de las Bienaventuranzas citadas en Lucas 6:20-26, haga una lista de las condiciones que Jesús llama bienaventuradas. En contraste con esto, ¿qué cosas considera bienaventuradas nuestra sociedad? ¿Qué tensiones crea esto para usted?
11. Lea Marcos 10:23-27. ¿Es malo ser rico? ¿De qué peligros y responsabilidades necesita estar consciente una persona rica?
12. ¿Por qué luchas ha tenido que pasar usted con respecto a sus actitudes hacia el dinero? ¿A qué conclusiones ha llegado? ¿De qué manera ha afectado esto a sus acciones?
13. Después de haber trabajado a lo largo de este capítulo y de todos los anteriores, ¿cómo resumiría usted su propia teología del éxito?

Motivo de oración

Déle gracias al Señor por la presencia y promesa de sus bendiciones, tanto en esta vida como en la vida futura. Pídale que le dé una visión más clara de lo que significa realmente tener éxito, y lo ayude a tomar sus decisiones cotidianas con la eternidad en mente.

Actividades opcionales

1. Componga un panegírico de sí mismo que refleje lo que usted espera que alguien pueda decir acerca de su vida.
2. Haga una lista de las prioridades que le gustaría a usted ver gobernando sus decisiones y sus metas.

DISFRUTE DE OTRAS PUBLICACIONES DE EDITORIAL VIDA

Desde 1946, Editorial Vida es fiel amiga del pueblo hispano a través de la mejor literatura evangélica.

Editorial Vida publica libros prácticos y de sólidas doctrinas que enriquecen el caudal de conocimiento de sus lectores. Nuestras Biblias de estudio poseen características que ayudan al lector a crecer en el conocimiento de las Sagradas Escrituras y a comprenderlas mejor. *Vida Nueva* es el más completo y actualizado plan de estudio de Escuela Dominical y el mejor recurso educativo en español. Además, nuestra nueva serie de grabaciones de alabanzas y adoración, *Música con Vida*, renueva su espíritu y llena su alma de gratitud a Dios.

En las siguientes páginas se describen otras excelentes publicaciones producidas especialmente para usted. Adquiera productos de Editorial Vida en su librería cristiana más cercana.

Vida
DEDICADOS A LA EXCELENCIA

LIDERAZGO CON EXCELENCIA

Nehemías es el modelo que necesitamos para lograr la excelencia en el liderazgo. Por la forma en que él vence los obstáculos, encontramos soluciones prácticas para superar los problemas que se nos presentan. De la manera en que él alcanzó sus objetivos, aprendemos a cumplir la tarea que Dios nos ha llamado a realizar. Con la sabiduría y el discernimiento bíblico que lo caracteriza, John White muestra cómo orientarnos hacia la acción y hacia la oración, cómo ser un líder y un siervo.

Este libro analiza la crisis que los líderes afrontan hoy. En él, White nos inspira y nos guía en nuestro trabajo. Este es un libro para los líderes de hoy y de mañana.

0-8297-0429-9
Tamaño popular

DEDICADOS A LA EXCELENCIA

¿PONE SUS DESEOS ANTES DE LOS DE DIOS?

Este libro tiene una enseñanza poderosa acerca del proceso de descender y también historias acerca de personas que están tomando el camino descendente. Abarca temas tales como:

* Un análisis de la manera en que Jesús administró el poder
* Las decisiones "deliberadas" que son necesarias para descender
* La naturaleza edificante de la verdadera humildad
* La vida abundante a través de la muerte del yo

Hybels entiende que descender no es nunca un asunto fácil que pueda reducirse a una fórmula. Descender es más que una cuestión del número de cifras en el cheque del sueldo o en la cantidad de posesiones que uno acumula. Es más bien una actitud mental, concentrada en llevar adelante el reino de Dios.

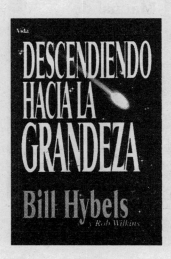

0-8297-1965-2
Tamaño comercial

DEDICADOS A LA EXCELENCIA

GUÍA PRÁCTICA PARA LA IGLESIA

Manual de procedimientos para la iglesia local da a conocer algunas herramientas y técnicas que le ayudarán en sus labores ministeriales y administrativas dentro de la iglesia.

Este manual será de enriquecimiento y utilidad para pastores, misioneros, maestros, evangelistas y líderes de la iglesia.

Manual de procedimientos para la iglesia local le facilitará la tarea de organizar, administrar e instruir a los que trabajan en la iglesia.

0-8297-2040-5
Tamaño comercial